U0701936

深圳，深圳

李跃 著

Shenzhen, shenzhen

 海天出版社

· 深圳 ·

图书在版编目（CIP）数据

深圳，深圳 / 李跃著. —— 深圳 : 海天出版社，
2020.8
ISBN 978-7-5507-2919-3

Ⅰ.①深… Ⅱ.①李… Ⅲ.①社会主义建设成就—深
圳 Ⅳ.①D619.653

中国版本图书馆CIP数据核字(2020)第090744号

深圳，深圳
SHENZHEN, SHENZHEN

出 品 人　聂雄前
策划编辑　韩海彬
责任编辑　韩海彬
责任技编　郑　欢
责任校对　万妮霞
排版设计　斯迈德设计
　　　　　0755-8314 4228

出版发行　海天出版社
地　　址　深圳市彩田南路海天综合大厦（518033）
网　　址　www.htph.com.cn
订购电话　0755-83460239（团购、邮购）
印　　刷　中华商务联合印刷（广东）有限公司
开　　本　787mm×1092mm　1/16
印　　张　14.5
字　　数　162千
版　　次　2020年8月第1版
印　　次　2020年8月第1次印刷
定　　价　80.00元

目 CONTEN 录

第三辑

第四辑

深圳，深圳

Shen zhen
Shen zhen

第一辑

大鹏起兮云飞扬

"北冥有鱼，其名为鲲。鲲之大，不知其几千里也；化而为鸟，其名为鹏。鹏之背，不知其几千里也；怒而飞，其翼若垂天之云……抟扶摇羊角而上者九万里，绝云气，负青天……"

深圳市民中心

我们从中学语文课本里就熟悉了庄子的名篇《逍遥游》。穿越数千年时光，这篇《逍遥游》似乎就是为深圳准备的——深圳别称鹏城，作为深圳的地标之一，莲花山下的深圳市民中心就是以大鹏展翅作为标志，其波浪线"若垂云之翼"，寓意深圳发展如"鲲鹏展翅九万里"，具有勇于创新的拼搏精神。

深圳在哪里？

请拨动地球仪，找到北回归线以南，东经113°46′至114° 37′，北纬22°24′至22°52′之间。这里是深圳。深圳地处珠江口东岸，东临大亚湾和大鹏湾，西濒珠江口和伶仃洋，南边深圳河与香港一水相隔。辽阔海域连接南海，风生水起，波涛千里。

深圳是谁？

不得不说，庄子是一个伟大的预言家。

在庄子的笔下，鹏翱翔在九天之上，故乡却是在水中，是由一种叫作"鲲"的大鱼变化而来。而面朝大海的深圳，也与"水"有着天然关联。据记载，"深圳"地名见于史籍，始于明永乐八年（1410年）。当地方言俗称田野间的水沟为"圳"，深圳正因水泽密布，村落边有一条深水沟而得名。

"鲲"化为"鹏"，不知在水底经过了多长时间的潜伏与修炼。而深圳，在成为一座伟大城市之前，在时间的水平面之下，也潜藏着漫长的文明发育史。

今天的深圳已成了一种现代化的象征。一说起深圳，我们眼前幻现出的大约不外乎是那向天际延伸的摩天楼群，春天汛期般奔涌不息的车流，由无数超市银行专卖店等组合成的流金溢彩的街道，以及美女如云，俊男似鲫，空气中永远飘荡着时尚的味道。那么，有谁知道就在这块土地之上，远古以前，曾经是一幅由蛮烟瘴雨勾勒而成的部落图景。

1981年，深圳市东南部大鹏街道办事处咸头岭村，考古普查中发现的咸头岭遗址，一下子将深圳的文明史推到了7000年前。作为珠江三角洲地区唯一一处彩陶前时期的遗址，那些出土的陶器上，一定还留有那个时代的深圳人的体温与指纹。咸头岭隶属大鹏，那么，他们，是否曾经见过传说中那只最大的从海中升起的神鸟？

　　而深圳大规模的移民史，始于两千多年前。公元前223年，也即秦始皇二十四年，秦大将王翦率60万大军旋即挥师南下，"因南征百越之君"。南方的高山密林、奇毒恶蛊以及遍地瘴疬阻挡了这些北方士兵的进攻。这里不是平原大漠，曾经纵横的铁骑在深不可测的原始丛林里根本发挥不了作用。而当地土人往往以逸待劳，以隐趋显，时不时给敌人意想不到的痛击。他们从小就学会了在森林里采摘水果，追逐猎物，就像熟悉自己的掌纹一样熟悉这巨大迷宫般的森林。习惯于冲锋陷阵的秦军在这些灵巧跳跃的越人面前简直无计可施，最后只得以停止讨伐而告终。而留下来的一部分驻军就形成了对五岭以北百越地区的大规模移民，当然也可以看成是对岭南移民的序曲。

　　公元前214年，不甘心的始皇再次派出由六国逋亡者、罪犯、囚徒、赘婿等为主组成的军队，由任嚣统率，向百越开战，并终于占领了百越聚居地陆梁地，在这里分设南海、象、桂林三郡。至此，天下大定，经过长达9年的征战，强盛的秦国终于将岭南纳入了自己的版图。在此期间，深圳地区的古南越族部落作为缚娄属下的一支军事力量，也一直在与秦军进行顽强抵抗与周旋。难以想象，今天这座城市的高楼大厦与笙歌响起处，数千年前却是杀声震天，刀箭齐飞，冷兵器的沉重撞击声在历史深处渐行渐远，以至杳不可寻。

　　随后，始皇"以谪徙民五十万人戍五岭，与越杂处"。这是秦代向岭南进行的第三批也是规模最大的一批移民。由于秦所设立的南海郡中已知的有番禺、龙川、博罗、四会等四县，而深圳地区又距番禺最近，因此可以确定深圳大部分在番禺县境内，最高行政长官正是南海郡尉任嚣。史料记载，公元前213年，南海郡尉任嚣专门派使者向秦中央王朝索要30000名没有丈夫的女人，理由是为来自北方的士兵缝补衣服。秦始皇打了五折，批准给了他15000名，这可以看成是任嚣对士兵及新移民的一种安抚。毕竟，其时的偏远岭南尚是中原人眼中的一片荒蛮化外之地，后来还成为犯人流放之所，遍地瘴雾，毒浆四溢。当地百越人更是文身断发，椎髻露顶，语言艰涩，奇风异俗。此情此景，叫人如何不怀念中原北国家乡？

正因为如此，今天的我们对这些被迫南迁的先期移民充满了敬意。是他们的到来，使岭南由采摘社会进入了农耕社会。他们带来了中原的文字、礼仪、制度，也带来了成熟的耕作、冶炼、手工之类的技术，农业文明的根须自此开始扎入这块古老的土地之中，当地土人的生活秩序自此也被彻底打破了。他们从排斥、猜忌到睁大眼睛好奇地打量这一切，再到欢天喜地地接受这一切，这一定是个不容易描述的过程，正如"鲲"变成"鹏"的过程不容易描述一样。

历史的蛮烟瘴雨被滔滔时光之水席卷而去，莲花山下的市民中心，也是这座城市一个巨大的象征与符号。大鹏起兮云飞扬，今天的深圳，犹如大鹏展翅，腾空飞翔，扑面而来的，是无比辽阔、无比浩荡的整个世界。

"大逃港"：用血化开历史的坚冰

下午四点钟到了红树林，等到天黑才往海边走，都还穿着鞋子，慢慢水就淹上来了。我们带了气枕，都背在身上，当时很黑也没有月光，游累了就抱着枕头休息一下。游到中间，香港警察巡逻艇上面的探照灯唰地射过来。我们就沉到水底下，只是把衣服用胶纸包好，因为到香港要换香港的衣服。通讯地址什么东西都用胶带封好。

看到警察跑去追他们两个，我就往回游，然后沉在水底下。等我上来一看，他们全都跑了。游回去已经来不及了，只有硬着头皮往上冲，冲到山边，抓了树皮、草根，一步一步往山上爬。到处都是光秃秃的石头，很少树根，也不敢把沙踩下来，怕他们听见了，最后爬到岸上躲在树上面。

那是 11 月 17 号，我穿了短裤，没穿衣服，只穿了一双军鞋。那个警察啊在下面照来照去，四处抓人。不行，我得快跑！爬啊爬，爬到山顶上，大声地喊同伴，没有一个人回应。再看香港，灯火辉煌，深圳这边黑黑的。我总算到了香港，当时百感交集！

这是一个叫欧阳东的"逃港者"的回忆。

他来自深圳大鹏半岛东南的马料河村。1978 年 11 月的一个夜晚，全村 20 多户人家、70 多口人，静静地走进一条木制的大船，驶向茫茫大海。一个海边村子，由此消失得干干净净、毫无预兆。不要说人，连狗也没留下一条。

1979 年 5 月 7 日上午，原广东省宝安县沙西大队（南岭村前身）副书记张伟基卖完蘑菇回到家里，就一下子懵了：妻子不见了，才几岁大的孩子蜷缩在柴草角落里，哭着说，妈妈跟着村上几百口人逃港了。

张伟基开着手扶拖拉机赶到深圳与香港的界河边，停在国防公路上，向着黑压压的逃港人群，哭着乞求："沙西大队的跟我回去！"一位村民一边跑，一边掉头喊道："死了以后骨灰都不要吹回这边来！"最后，只有50多个村民跟着张伟基回到了村里。

这是发生在改革开放前夕的"大逃港"事件中的几组镜头。

20世纪50年代至80年代，有将近100万名内地居民，由深圳越境逃往香港。这被研究者认为是冷战时期历时最长、人数最多的群体性逃亡事件，史称"大逃港"。1971年，宝安县公安局的《年终汇报提纲》里提到：大望前、马料河、恩上、牛颈窝、鹿嘴、大水坑等许多村庄都变成了"无人村"，有个村子逃得只剩下一个瘸子。

在当时的深圳，曾经流传着这样一首民谣："宝安只有三件宝，苍蝇、蚊子、沙井蚝。十屋九空逃香港，家里只剩老和小。"广东人把这种水路偷渡称为"督卒"，借用象棋术语，取其"有去无回"之义，平添了悲壮意味。在许多当地人的记忆中，一到夏天，水库和河里便人满为患。不少孩童从小就被家人灌输，"好好练游泳，日后去香港"。

偷渡者通常都带有汽车轮胎或者救生圈、泡沫塑料等救生工具，还有人将多个避孕套吹起来挂在脖子上。当时，上述物件都属于严格控制使用的物品。到后来，就连乒乓球都进入了严控名单。因为边防部队发现，有人将数百个乒乓球串在一起，作为救生工具。

具体说来，从1951年中英封锁边界始，深圳共出现四次大规模偷渡。第一次是1957年前后，实行人民公社化期间；第二次是1961年，经济困难时期；第三次是1972年；第四次是1979年。从这样的时间节点中我们不难看出，"大逃港"的原因无他，而是出于一种最基本的人类本能，那就是摆脱贫穷和饥饿。

很多深圳人还对第四次"大逃港"的场景记忆犹新。1979 年 5 月 6 日，来自惠阳、东莞、宝安 80 多个乡镇的 7 万民众像数十条凶猛的洪流，黑压压地扑向深圳，两个海防前哨不到半个小时就被人山人海吞噬了。这场惊天骤变是被一则谣言引爆的。谣言说，在伊丽莎白女王登基当天，香港实行大赦，凡滞港人士可于三天内向政府申报香港永久居民。深圳还在当日"大放河口"，允许群众自由进出香港。

类似于这样的尘封多年的历史记忆，甚至出现在央视的热播剧《历史转折中的邓小平》里。剧中，1976 年 10 月，来自北京、上海和安徽的三个年轻人田源、吴怡茹和刘金锁，相约"扑网"逃港，亦即在夜间伺机从罗湖一带翻过铁丝网进入香港。关键时刻，田源和刘金锁为了找回女孩吴怡茹的口琴，最终两个人都没有逃掉，被抓了起来。直到"四人帮"被粉碎后，两人才重获自由。

这也说明，我们已经学会了正视那一段沉重的历史。

1978 年 4 月，习仲勋被委以重托，主政广东，"看守南大门"。其时，正是"大逃港"最严重的时期。他一上任，就提出到"最乱的农村"去。经过大量走访，他亲身感受到了当地居民对提高生活水平的渴望。

习仲勋还发现，深圳有个罗芳村，河对岸的新界也有个罗芳村。深圳罗芳村的人均年收入是 134 元，而新界罗芳村的人均年收入是 13000 元；宝安一个农民劳动日的收入为 0.70 到 1.20 元，而香港农民劳动一日收入 60 至 70 港币，两者差了 100 倍。经济收入如此悬殊，难怪人心向外了。更耐人寻味的是，新界原本并没有一个什么罗芳村，居住在那里的人竟然全都是从深圳的罗芳村逃过去的。

据习仲勋的女儿齐桥桥回忆，习仲勋看到那些偷渡不成反被关押的逃港者，哭了，他说："这个不怪你们，是我们没把老百姓的生活搞好……"他意识到，光靠严防死守不可能有效地遏制偷渡，并由此得出重要结论："这些人是外流，是人民内部矛盾，不是敌我矛盾，经济搞好了，逃过去的人又会跑回到我们这边来。"

这次调研之后，宝安县发展边境小额贸易，种植蔬菜和建外贸基地的工作，快速展开。坚冰融化的声音，从那个时候就开始传了过来。

1978 年底，养鸡超过 6 只就是资本主义的教条理念，在宝安县被彻底打破。莲塘大队与香港五丰行开始合作，生产队一次性就为香港客户养了 10 万只鸡，每卖一只鸡，宝安农民就可以赚到两元钱的利润。

年出口 20 万只活鸡的第一个现代化养鸡场——莲塘养鸡场（1979 年，何煌友摄）

1979 年早春，广东省委批准了宝安县委《关于发展边防经济的若干规定》（13 条）的报告。深圳一步步向"特区"靠近了。宝安县实行这项"优惠政策"的有多达 14 个公社、镇。也就是说，在中央开办特区之前，深圳已经有了一个实行特殊对外政策的地区，其范围，基本上就是后来办特区的区域。

此后，全深圳很快掀起了一个面向香港，抓活经济的热潮。到处种蔬菜、挖鱼塘……只用了两年时间，全市就挖了7万亩鱼塘，改种7万亩蔬菜田。大量的蔬菜、鱼鲜运往香港，深圳人的生活水准很快有了改观。

当时横岗镇有个姓钟的农妇，两个儿子都外逃到香港打工了。"13条"新政策一来，她又要磨豆腐，又要养猪、养鸡，一个人搞不过来，就写信给逃港的儿子说："你们还是回来吧，两边挣的都差不多了。"结果两个儿子又都从香港回来了。一家人养了一万多只鸡，比在香港打工挣得还多。

记录深圳历史的档案显示，最早进入深圳投资办厂，"试水"中国改革开放的那批港商，不少便是在香港发了财的当年的逃港者。

1979年3月，中央和广东省决定把宝安县改为深圳市，受广东省和惠阳地区双重领导。同年11月，广东省委决定将深圳市改为地区一级的省辖市。

1979年4月，当中央工作会议即将召开时，满怀信心的习仲勋决心再到北京去，向中央和邓小平同志汇报。在会上，习仲勋和王全国等人提出了让广东先行一步的问题，并要求划出一些地方来，搞特殊政策，办出口加工区。

在习仲勋特意到邓小平家中汇报广东省委要求划一块地方搞"特殊政策"时，邓小平说："还是叫特区好，陕甘宁开始就叫特区嘛！"邓小平又说："中央没有钱，可以给些政策，你们自己去搞，杀出一条血路来。"

1980年8月26日，深圳率先建立了中国第一个经济特区。

制度的力量，校正了一个国家前行的方向，也改变了逃港者的脚步。负责广东特区筹办、曾兼任深圳市委第一书记的吴南生回忆道："在特区条例公布后的几天，逃港的人群突然消失了！确确实实，那成千上万藏在梧桐山的大石后、树林中准备外逃的人群，完全消失了！"

有人称"大逃港"是中国改革开放的催生针，这是一种形象的比喻。如果说，安徽凤阳小岗村，因村民自发搞联产承包责任制成为中国农村改革的发源地；当年乡镇企业的蓬勃兴起，为中国经济改革首先摸索了出路和尝到了甜头；那么，"大逃港"就为中国的对外开放积聚了巨大的呼唤力量甚至是发出了不屈的先声。

长篇报告文学《大逃港》作者陈秉安反复向人提及，一位深圳宝安本地人跟他说过，"'改革开放'这4个字，你们是用笔写的，我们，是用血写的！"是的，某种程度上可以说，是他们用自己的身体乃至生命叩响了改革的门环，让这扇紧闭的大门轰然洞开，透进了外部世界的光亮。

陈秉安现在还记得，1987年，深圳市罗湖区的一家港资大酒店开业。庆典的开头很寻常，可到了主人致辞的时候，情况却起了变化。台上的总经理，在念了一半欢迎词后，居然捧着演讲稿嚎啕大哭起来。

台下一片寂静，人们都望着这个失态的总经理。他稍微冷静了一下，哽咽着开始回忆。原来，他想起了父亲当年的逃港旧事，父亲当年背着他，已经快到对岸了，却不幸被流弹击中。父亲生前对他说，要活得有出息。如今他出息了，父亲却早已长眠地下。此情此景，怎不令他心生怀亲之情？

1990年，在深圳经济特区建立十周年之际，陈秉安采访到了前来深圳参加庆典的习仲勋。当聊起那段历史时，习仲勋意味深长地说了这样一番话："千言万语说得再多，都是没用的，把人民生活水平搞上去，才是唯一的办法。不然，人民只会用脚投票。"是的，真理是朴素的。发展才是硬道理。

"大逃港"催生了深圳、塑造了深圳。

1979年，这个世界发生了很多大事。撒切尔夫人成为英国第一位女首相；先驱者11号飞跃土星；三个东德家庭使用气球逃离东德……对中国来说，"1979 年，那是一个春天"，冰封的河床，开始骚动。

40 年间，深圳从南国小镇走向国家区域中心城市、国家创新型城市、国际科技产业创新中心、全球海洋中心城市、国际性综合交通枢纽、中国三大全国性金融中心之一……恰如从蚝田走向摩天楼群，从遍地蛙鸣走向悠扬的琴音，从作物的生长走向订单的增长……从一个传说走向一个奇迹。

"稻草换汽车"，也许是最早的深港大宗贸易

你能猜想出改革开放之初，深圳和香港之间的贸易是什么吗？

据原深圳市革委会副主任兼财贸办主任李定回忆，1980年，深港边境居民之间就开始互通有无，用以物换物或货币交易的形式进行边境贸易。李定从中得到启发，筹划成立了宝安县小额贸易公司。这是深圳第一家边境小额贸易公司，主要是向香港卖鱼卖虾卖菜，最大件的边境贸易，则可能是用稻草换汽车了。

当时深圳到处是农田，稻草从来不值钱。可到了工业化城市香港，稻草却成了一件宝，用处很多。每年有土杂品公司以每百斤2元人民币左右的价格从深圳大量购买稻草。

另一方面，香港的汽车遍地都是，其中有不少报废车。香港地少人多，寸土寸金，汽车回收业不是很发达。为了省钱，有人偷偷将报废的汽车丢在路旁、荒郊野外。一些深圳村民去香港过境耕作，看到这些外壳还挺新的小汽车，很想捡来翻新使用，但苦于拿不出修理及运输费用。很多村民看着眼前的宝贝运不过来，很着急。

李定到莲塘村、罗芳村开会时，当地村支书向他感慨说："香港人真有钱，汽车当垃圾丢掉。咱们如果有钱的话，就去把香港的汽车运过来，修一修就能开，还能卖钱。"

李定想出了一个主意："你有稻草，可以用稻草换汽车嘛。"操作起来就是，将稻草过境卖到香港，用卖稻草的钱支付修汽车的费用。财贸办在政策上放开，将这些报废的汽车纳入小额边贸之列，允许边境农民

进口，他们就可以顺理成章地将汽车开回深圳了。

　　真是一语点醒梦中人。莲塘村、罗芳村的村民立刻就用这个方法，到香港去进口汽车。大多数汽车修好之后直接开过来，少量汽车一时难以修好，就用手推过境来——当时汽车还是稀罕物，光有钱还不行，还需要领导批条子、有配额才能买。而在彼时的深圳，用稻草就能换来。

　　这立刻成了一个大新闻，虽然当时还没有互联网，但这并不妨碍它不胫而走。一时间，全国各地的人都蜂拥来到深圳买旧汽车。在那个自行车被称为"三大件"之一的年代，一辆汽车，哪怕是一辆开不了多远的旧汽车，给人的诱惑实在是太大了。没有任何工业基础的小小宝安县，一下子成了一个香港旧车展览馆，靠近边境线的空地上，停满了各式各样的小汽车，场面非常壮观。

　　进口汽车算是当年边境贸易的特例。更加常态化、数量最多的边境贸易，当数深圳向香港出口活鸡。

1979 年深圳最早的一家汽车修配服务中心开幕（何煌友摄）

　　1980 年，深圳建起了 27 个养鸡场，年产量 180 万只，大量出口香港。而就在两年前，宝安县还是"老太婆养鸡"，没有养鸡场，更提不上养鸡产业，每年供港活鸡数不过 4 万只左右。为什么短短两年间，深圳供港活鸡数量有如此明显的增长？这和当时反外逃的大背景密不可分。

　　1978 年 7 月，深圳开展摸底群众性外逃的统一行动，李定被安排到莲塘大队蹲点。为了让他更加了解边境线上深港居民的生活，莲塘大队书记万仲英带他爬上梧桐山。望着香港方向星星点点的灯光，万仲英说，"莲塘村民在对面有几百亩地。现在对面住的人，很多就是我们莲塘逃过去的。你别看那边房子一般，可是里面有电冰箱、洗衣机、电视机，电视机白天可以看，晚上也可以看，猪也可以看，鸡也可以看。"

　　听了这话，李定忍不住好奇地问："他们的钱从哪里来？我们为什么过不上这样的生活呢？""在香港，农民养鸡、种菜赚的钱是我们的几十倍！"万仲英愤愤不平地说，"我们这边种菜卖给国有外贸公司，菜心收购价是每斤 1 毛到 3 毛钱。对面的农民种了菜之后，可以直接在香港零售，菜心每磅 20 元港币、兑换成人民币是 6 元，你算算相差多少倍？养鸡就更别指望了，咱们养鸡超过 6 只就是资本主义。"

　　李定紧接着再问："如果你们发财了还逃不逃？"万仲英说："发财了何必逃过去？我在这里有家，逃过去还要重新盖房。"那一刻李定仿佛醍醐灌顶，他过去多年积累的反外逃经验全部被推翻——反外逃靠堵是不行的。

　　当天晚上，他辗转难眠，开始思考以前不曾想、不敢想的问题：在深圳养 6 只鸡就是资本主义，那我们能不能用村民在对面香港的地来养鸡，养好之后卖给香港？这样就不算资本主义了。

　　第二天，他像发现新大陆一样兴奋地给香港五丰行总经理打电话，想与对方合作，即由深圳出地、出人，对方出钱并负责收购。当时，台湾鸡和内地鸡在争抢香港市场，五丰行正愁没办法打通内地的供货渠道，并且深圳距离香港比台湾近，内地鸡成本比台湾鸡要低，在市场上更有竞争力。面对这找上门来的机会，当然求之不得。最后，双方商定鸡场规模为20万只。

随后，李定立刻通知万仲英赶紧在莲塘大队物色20个得力人手，拿着过境耕作证去香港新界养鸡。但这也有一个问题，按照当时的规定，过境耕作的农民必须早出晚归。这样一来，鸡丢在新界无人看管，显然行不通。李定决定先斩后奏，把人派过去再向上面汇报。

他找到时任广东省公安厅厅长王宁等领导，以一种"摊牌"的口吻说："我们现在派了20个人在香港养鸡场养鸡。如果你们同意，这些人就合法留在香港养鸡；如果你们不同意，那我现在就报告有20个人外逃了，是我没管好，我个人写检讨。"

"万一这20个人逃跑了怎么办？"

"他们不去养鸡也能逃，想堵是堵不住的，能派多少民兵去堵？农民有钱了，就不逃了。"

最后，此事被当作特殊情况处理，"只此一回，下不为例"——不过，铁闸一旦打开就难以再合上。不久后，时任深圳市委副书记方苞得知了此事，派了好几批人去香港养鸡场接受培训。到了20世纪80年代中后期，宝安县每年供港活鸡数上升到600万只，最高达1000万只。

除了让深圳农民到香港去养鸡，李定的另一个"壮举"，是让香港的拖拉机开到深圳来耕田。

1979年，他在罗芳村蹲点时发现，村民过境到香港耕作时使用的是拖拉机，但拖拉机只能在香港使用，不能进入内地。所以，同样是自己的田地，回到深圳就只能用牛耕。

李定觉得这种现象太荒唐，他给海关总署署长打电话，请求海关帮忙解决此事。不久后，海关总署署长到深圳考察。李定陪同他到罗芳村的过境耕作口现场察看，并介绍说："深圳有4000亩地散落在新界，很多农民每天到香港去种菜。在香港用拖拉机耕，但是在我们这里用牛耕田。"

正在这个时候，对面田里轰隆隆开来一辆拖拉机，和深圳这边的牛耕形成了鲜明对比。李定抓住时机进一步发挥："如果拖拉机过来耕作的话，很多地就不会抛荒了，产量也提高了。生产好了，走私就少了。"

深圳海关大楼

要是在十一届三中全会召开之前，借李定一百个胆子他也不敢提这个要求。那时他已知道中央要在深圳建出口加工区，改革开放成为大趋势，才大胆说出要"海关松动"的想法。总署署长现场没有表态，但几天之后，九龙海关（1997年香港回归时改名为深圳海关）关长苗晴就接到海关总署电话通知，在莲塘、罗芳村的耕作口，可以对拖拉机实行登记放行。

"登记放行"这个名词如今看来稀松平常，但当时看来却不啻一场突围。它放行的不只是过境耕作的拖拉机，更是深圳河这边的民众对于美好生活的向往。

从敌视到友好互动，深圳河开始"解冻"

我们先来看看一份"文革"期间的宝安县外事工作简报。

宝安县外事工作情况反映

1970 年 8 月 30 日

近一时期，港英军警在我罗湖、沙头角等边缘一线用探照灯照射我方村庄、公路哨所；玩弄黄色音乐，企图腐蚀我过境耕作的社员；直升飞机在罗湖对面上空来回盘旋，破坏我港澳同胞宣传毛泽东思想。针对这一系列疯狂的挑衅活动，我边防居民遵照毛主席"有理、有利、有节"的伟大教导，对垂死挣扎的英帝国主义进行了针锋相对的斗争，取得了伟大的胜利，现将我们掌握的情况汇报如下。

7 月 15 日晚上 7:20，我向西生产队 20 个女社员从新界文锦渡劳动回来，路经暗山下英军哨所，炮楼外面的一个英军见我社员都是女的，就突然打了一块小石头，我社员立即高声朗读毛主席语录，"人不犯我，我不犯人，人若犯我，我必犯人"，并高呼打倒英帝国主义的口号。对敌人的挑衅进行了针锋相对的斗争。那英军见势不妙，便狼狈回到"狗洞"里。在我社员继续抗议下，一个英军头头胆小如鼠地从狗洞里爬出来，向我社员认罪检讨完后，我社员高唱革命歌曲胜利归来。

7 月 25 日，我深圳镇罗湖生产队社员在罗湖对面割稻。下午六时，英军哨所一英警，突然在岗楼外面弹起黄色音乐来。我社员意识到敌人企图用这些霉烂发臭的资产阶级滥调来腐蚀我们。因而来个针锋相对，马上高唱打倒美帝、打倒苏修的革命歌曲。这个家伙见阴谋不得逞，便放下烂琴，拿起相机对准我社员拍照。我社员举起扁担警告说，你敢拍照我们就要你的狗命。吓得这家伙狼狈逃进狗洞里去了。

宝安县革命委员会外事组

20世纪80年代蛇口工业区建设场景（缩微）

　　这种一本正经的严肃腔调，是对那个年代的一种精神临摹。人们没有想到，短短数年之后，历史的河流开始拐弯，改革大门洞开，深圳和香港之间也不再"剑拔弩张"，而是互伸"橄榄枝"，展开了一系列友好互动。

　　1979年3月，宝安县改制为深圳市，次年开始建设特区。深圳究竟要建一个什么样的经济特区？这是不少港英官员心中的疑问。

　　1979年7月5日，港英政府两位高官——新界政务司钟逸杰、政治顾问卫奕信前来深圳参观。新界政务司钟逸杰爵士，他能说流利的粤语，写中国书法，1985 年出任香港布政司司长，相当于现在的政务司司长，地位仅次于港督。

政治顾问魏德巍，英文名大卫·威尔逊。他这个"政治顾问"不是港督"政治问题方面的顾问"的意思，当时的"政治顾问"由英国外交部委任，主管香港外交事务。香港当时被殖民统治，没有外交权，但是有很多国家在香港设立领事馆，这些外事工作就是由政治顾问主管的。后来，魏德巍将中文名改为卫奕信，成为第三位访问深圳的港督。

两位高官到访，主要想了解深圳市的建设规划、蛇口港的规划建设，以便考虑香港和新界的建设如何与深圳建设相配合。其实，深圳当时还处在最初的"生长发育期"，说"新界与深圳建设相配合"，或许只是漂亮的外交辞令。但无论如何，港英政府高官或者说英国绅士第一次站在了深圳的土地上，第一次呼吸深圳的空气，对他们来说，所看到的一切都那么新鲜。

他们首先来到蛇口，其时蛇口还是一个大工地，大型机械设备往返作业，到处在开山炸石，机器轰鸣声不绝于耳。当时蛇口工业区首个任务就是建设 600 米顺岸码头，设计规模是水深 3—5 米、停靠 3000 吨级驳船。这一切，都被细心的魏德巍记录下来。

之后两位港英政府官员被安排去看了蛇口渔业一大队，这里的渔民在海边盖了 8 栋两层小楼，人称"小别墅"，之后成为蛇口工业区的指挥部。钟逸杰竖起拇指夸奖道："在香港的别墅有海景是非常贵的，蛇口渔民的房子真不错。"

随后，他们乘车参观深圳市区。彼时深圳连一座大型建筑都没有，唯一的亮点是，沿着边境线，一批先富起来的村民，已经零零星星地盖起了两层小楼。虽然和香港的高楼大厦相比，这些两层小楼几乎是"矮人国"，但是钟逸杰和魏德巍看得津津有味，还饶有兴趣地走进去观看小楼里的摆设。

　　在从蛇口赶往深圳市区的路上，时任深圳市外事办副主任刘杰跟钟逸杰闲聊，忽然想到一个话题，问他："港人雇菲佣，每个月要花几千块。广东有很多人做事情都不错，他们能不能去香港工作，取代菲佣呢？"

　　钟逸杰很认真地回答说："菲佣能够说英文，不少还是大学生。最重要的是，菲律宾人大多信天主教，天主教对男女关系有很严格的限制。如果家里请一个十七八岁或二十出头的广东女保姆，香港女主人能不担心吗？"他一说完，两人不由得相视一笑，一下子拉近了彼此间的距离。

　　1981年12月30日，第25任香港总督麦理浩访问深圳。麦理浩担任港督前后共10年零6个月，这10年是香港经济腾飞的10年，后被称为"麦理浩时代"。他曾先后4次获得续任，这在历任港督史上是绝无仅有的。

　　麦理浩一行首先参观了蛇口，登上微波山，俯瞰蛇口全景，并参观别墅群、工厂等。在当地华苑酒家午膳后再到西丽湖参观。下午抵达市委大楼二楼，由市规划局副局长郭秉豪介绍深圳市建设规划。次日上午，又由时任深圳市委书记兼市长梁湘等陪同参观深圳水库。

　　这次访问，使香港对深圳这个"隔壁邻居"有了全新的认识。返港之后，麦理浩致函梁湘，对深圳的热情接待和安排表示谢意，并强调了加强深港两地合作的意愿。不久，麦理浩组织了一个统筹处理深港关系委员会，亲自担任主席。深港合作事务从此摆上了港英当局的重要日程。

　　随后，港英政府又安排了行政局、立法局议员55人分三批来深圳参观。香港高层频繁访问深圳，点燃了香港政界、商界、金融界等人士访问深圳的热情。原来对投资深圳持观望态度的人士开始打消顾虑，纷纷前来深圳寻找商机，港商投资特区的热潮由此兴起。

　　麦理浩于次年离任，离任前对深港合作做出了安排。他的继任者、第26任港督尤德爵士，也保持了与深圳友好合作的态度。

　　而今，在粤港澳大湾区的框架之内，同为大湾区核心城市的香港与深圳，将更深地融合在一起。

深圳经济特区的版图，来源于一场"意外"

历史有时想来很有趣，很多事情，并不是一种天生注定，而是由许多"意外"构成的。至少，深圳经济特区的版图就是这样。

曾任广东省经济特区管委会主任兼深圳市委第一书记、市长的吴南生回忆，他刚到深圳的时候，连深圳面积有多大、地形如何都不清楚，想知道哪里有山哪里是河流，都没有一张详细的图纸可以参考。

要对深圳的地形地貌进行准确测量，必须进行航空摄影，而这需要中央一级的协调。吴南生当即就此请示了谷牧副总理，谷牧表态全力支持。此时，汕头、珠海已经航测完毕，深圳因为毗邻香港，要知会香港方面认可，所以操作起来最为麻烦。吴南生找到时任新华社香港分社社长王匡，请新华社跟港英政府沟通此事，希望不要引起港方的误会。

1981 年 1 月 20 日，深圳经济特区终于完成了航空摄影，地面测量也已完毕，开始进行制图，上半年就拿出了图纸。有了这份图纸，深圳就可以在国外宣传投资，有考察的外商来了，也能做到"手中有图，心中有数"。

这个时候，深圳开始着手做两件事情：一是进行特区近期规划，二是请规划专家来为深圳勾画蓝图。在谷牧的大力支持下，1980 年 5 月，108 位全国各大城市一流规划设计大师和工程师来到深圳。这是当时国内超级豪华的规划设计团阵容。这个数字很容易令人想起水泊梁山的"一百单八将"，当然这是一种巧合，并非刻意为之。

规划专家刚来深圳的时候，特区的大小还没定下来。吴南生回忆，1980 年 3 月，他在中共中央、国务院召开的两省和特区工作会议上，建议深圳经济特区从上步到罗湖为界，面积为 38 平方公里。这个面积，已经相当于香港市区和九龙市区的总和，在他看来，已经是相当大胆的设想了。

但是，这一方案在实施上存在许多实际障碍。最大的障碍是，香港在回归之前，深圳河是国家的边防线，历年来的偷渡也发生在这里。也因此，国家边防部门坚持在特区与内地之间，一定要有一条起缓冲作用的边防"二线"。而以福田区为主规划的深圳特区，主要是丘陵和荒置了的田地，难以担当"二线"重任。

正在为难之际，吴南生无意间接触到了一份叫《美国—墨西哥自由边境区》的材料，茅塞顿开。材料显示，该自由边境区长达 400 公里，其中有三座中小城市。这拓宽了他心目中的特区概念。他想，如果参照这个模式，以深圳河为界，以背后的大山为"二"线，之前的难题就迎刃而解了。

于是，深圳下决心重新规划特区范围，有关单位人员从东边的大鹏湾背仔角起，沿着大山一路考察，形成了新的方案。1981 年 5 月 4 日，深圳市委向广东省委提交了《关于深圳经济特区范围管理的请示报告》，报告将特区范围确定为"东起大鹏湾的背仔角，往西南延伸至蛇口、南头公社一甲村止的海岸边界线以北，北沿梧桐山、羊台山脉的大岭古、打鼓嶂、嶂顶、九尾顶、髻山、大洋山以及沙湾、独树村、白芒大队以南的狭长地带，总面积 327.5 平方公里"。整个特区呈不规则狭长形，东西长 49 公里，南北平均宽度约为 7 公里。

就这样，深圳成为当时世界上最大的经济特区。比起最初 38 平方公里的设想，扩大了将近十倍。

除了最早响起改革开放第一炮的蛇口之外，特区的开发顺序，也来源于一场"意外"，而这也直接影响、决定了深圳今天所呈现的城市格局。

按照设想，最初准备先开发福田的上步。原因很简单，那里没有多少居民区，地势开阔，空置土地多。而罗湖虽然与香港交界，但开发起来要搬迁大量居民，麻烦多，而彼时特区开发资金紧张，能省一分是一分。但是，一场意外的大雨，"冲"出了不少问题，也"冲"出了一个崭新的罗湖。

1980 年 7 月 27 日，一场大暴雨把罗湖一带冲成一片汪洋。一出罗湖口岸，男士们就不得不卷起裤脚，提着鞋子；女士们更狼狈，裙子都湿了。当时，城市规划专家们所住的新园招待所也被水淹，不少规划设计图纸都"泡汤"了。

看到眼前的一切，吴南生急了，他找到分管基建的副市长罗昌仁，要求他一定得把水治住，否则难以建设特区。想一想，外商来深圳，第一站就是罗湖。如果总是这样子，谁敢来深圳投资？就在这个时候，他认识到必须先开发罗湖。

罗湖山原貌（何煌友摄）

开发罗湖，先得搬掉罗湖山——这座大多数深圳人不曾见过的山。根据勘探，罗湖山主峰有 130 多万立方米土方要搬掉，而罗湖区低洼的

0.8 平方公里要垫高 1.07 米，正好一举两得。

但搬山首先遇到的阻力就是拆房和迁坟。当时，罗湖山上有海关、铁路的宿舍和不少罗湖区村民的祖坟。少数村民对此不理解，工程一度受阻。时间宝贵，如果拖到雨季，搬山计划就要泡汤，只能等待来年。这也意味着，整个特区建设也得延误一年。可以说，搬迁如救火啊。

为此，深圳的各级干部纷纷下到基层，对村民开展耐心细致的解释工作，大讲改革开放的好处，大讲为什么要搬罗湖山的道理，最终让村民茅塞顿开，说服了原本不情愿、不理解的村民。不到一年时间，横亘在罗湖关口附近的罗湖山整体消失了。90 余万立方米的罗湖山，化成罗湖片区 130 多万立方米的土壤，最低洼处增高了近 4 米，为此后 20 多栋高层建筑的开工创造了条件。加上原来罗湖山所在的地方，深圳 1.3 平方公里的黄金地段就此形成。

如今人们熟悉的发展中心、香格里拉酒店、火车站等建筑，都相当于屹立在当年的罗湖山上。以现代化建筑的高度取代山的高度，或者说，每一栋建筑都是一座以另一种方式立起来的山，挺拔着关于城市生长的故事。

蛇口：时间开始了

时间开始了。

这个世界上有无数广场，但以"时间"命名的广场，不多。在深圳大南山脚下的时间广场，"时间就是金钱，效率就是生命"标语牌几经风雨，如今镌刻成石碑矗立于此。

三三两两的游人从这块石碑下走过，阳光斑驳，鸟鸣清脆。也许，今天的人们难以想象，这一句看起来平淡、传递一种理所当然、天经地义的理念的口号，在当时却不啻一道闪电，划过了这个国家的上空。

这句口号的提出者，是被称为"蛇口之父"的袁庚。作为改革开放的一个巨大符号，袁庚这个名字与蛇口、与深圳、与我们在这个城市所开启的新的人生是如此密不可分。

促成袁庚这个观念的，有一个重要的启发性事件。

1978 年 10 月份，袁庚调任交通部香港招商局常务副董事长。初到香港，一位香港企业家就给他上了"一课"。当时，为了业务发展，招商局需要在香港购买一栋大楼。袁庚与卖主谈妥后，约定在星期五下午 2 时预付定金 2000 万港币。接下来的一个细节令袁庚印象殊深——卖主如期而至时，汽车停在门外都没熄火，只等双方在律师楼办完交易手续拿到支票，就立即安排专人坐汽车直奔银行。

这位卖主为什么要这样争分夺秒？原来，第二天就是星期六，银行不上班。如果星期五下午 3 点之前支票不能交给银行，卖主就要损失 2000 万港币的 3 天存款利息。

"当时浮动利息是 14 厘，3 天的利息就是几万港币。"袁庚后来回忆这段往事时感叹不已。相比之下，其时很多内地人完全没有时间观念、理财观念。在坐船从香港回蛇口的空闲中，袁庚在一张纸上写下了"时间就是金钱，效率就是生命，顾客就是皇帝，安全就是法律，事事有人管，人人有事管"。这 6 句口号，成为蛇口精神的最初概括与初始状态。

然而，在那样一个桎梏尚未打破的时代，这种新观念的诞生，无异于石破天惊。尤其是标语中的"金钱"与"效率"，是令很多人难以接受的敏感词。区区 12 字，却事关"姓社姓资"的路线之争，各种争论和非议接踵而来，甚至有人认为这就是资本主义的东西。"时间就是金钱，效率就是生命"的口号在蛇口街头竖立了 3 天便宣告夭折。

此时，国内有关特区是否要继续办下去的争论也十分激烈，不少人指责特区与"租界"已没啥两样。但袁庚顶住了压力。同年 11 月底，袁庚在给招商局企业管理培训班的学员上课时，再次谈到这句口号，并在培训班学员中引发热烈回应。在讲课后的一个星期天，几名培训班学员在当时蛇口最热闹的商业街再次竖起标语牌："时间就是金钱，效率就是生命，事事有人管，人人有事管"，比第一次亮相多了两行字。

转眼到了 1982 年的春天，一场针对改革开放的非议再次出现，"姓社姓资"之争不断扩大。这种情况下，袁庚考虑再三，再一次让人将这块牌子拆除。

1984 年 1 月，邓小平首次来到深圳经济特区视察，26 日视察蛇口。在此之前，袁庚安排人通宵赶工，将一块巨大的广告牌醒目地伫立在深圳市区进入蛇口的分界线上，蓝底铁皮板上写着 12 个大字："时间就是金钱，效率就是生命"——这条标语到底对不对，他希望从小平口中得到一个答案。

当天，邓小平视察蛇口港后来到"海上世界"，袁庚主动向邓小平提起："我们有个口号，叫'时间就是金钱，效率就是生命'。"邓小平的女儿邓榕提示说："我们在路上就看到了。"邓小平说："对！"他的这个回答一语双关，态度鲜明，令袁庚放下了心来。正是在此次南方谈话中，小平为深圳题词："深圳的发展和经验证明，我们建立经济特区的政策是正确的。"充分肯定了深圳的改革开放实践。

1984年2月24日，小平在与中央领导谈话时，有这样一段寓意深刻的话："深圳的建设速度相当快……深圳的蛇口工业区更快，原因是给了他们一点权力……他们的口号是'时间就是金钱，效率就是生命'。"这个口号再次得到小平的肯定和赞许，这句最能体现改革开放精神的口号，由此被誉为"冲破思想禁锢的第一声春雷"。

今天，重温这样的历史，我们也再一次感受到，曾扭转了整个国家与民族命运的改革开放从来就不是一条坦途。反过来，改革阻力越大，也越能显示改革者"虽千万人，吾往矣"的勇气与历史担当。

让我们再一次聚焦蛇口改革。

1978年11月下旬，袁庚在香港向时任交通部部长叶飞汇报了想在蛇口筹建工业区的构想。此前，袁庚将目光投向的是港澳，他带领招商局同事四处奔走，可在万商云集、寸土皆金的香港寻找一块物美价廉的地皮谈何容易。当时，香港繁华地带的地价，仅次于日本东京银座，每平方英尺（0.0929平方米）1.5万港币，郊区工业用地也要每平方英尺500港币以上。袁庚他们又想在澳门试一试，但当时澳门电力不足，港口水浅，一时难以发展起来。这时，他才想到了与香港隔水相望的广东省宝安县蛇口南头半岛。

叶飞听了报告，当场表态：起草报告，与广东省联合上报中央。1979年1月31日，农历正月初四，春节上班后的第一天，袁庚和交通部副部长彭德清跟随国务院副总理谷牧，一起向中共中央政治局常委、副主席、国务院副总理李先念汇报。在招商局档案馆里还保留了那天李先念、谷牧和袁庚、彭德清的谈话记录。

这一天，李先念用铅笔在袁庚带去的地图上画出了一块地方，这便是蛇口南头半岛。1979 年 7 月 8 日，蛇口工业区开山第一炮爆响。在封闭了几十年的中国大地上，这一声爆响是一个崭新时代的宣言。

这里，还必须说一个 4 分钱惊动中南海的故事。

1979 年 8 月份，交通部四航局承建蛇口工业区首项工程蛇口港。当时蛇口的工程局、施工队全是国有的，吃大锅饭，工人收入主要靠工资，奖金仅是辅助，分 5 元、6 元、7 元三个等级。工人对每月几元奖金兴趣不大，工作干劲不高。为了调动工人的积极性，提高工作效率，四航局工程处决定实行超产奖励。具体做法是每辆车每天的劳动定额为 55 车，完成定额后每车奖 2 分钱，超出定额部分每超一车奖 4 分钱。实行新的超产奖励后，工人劳动积极性大涨，每人每天能够运八九十车，甚至每天可领奖金 4.14 元。

600 米长顺岸码头中的 150 米，原计划 1980 年 3 月底完工，实行超额超产奖励后，施工速度加快，结果提前一个月竣工并交付使用。根据蛇口工业区后来的统计，在实行超产奖励的 1979 年 10 月份到 1980 年 3 月份，工业区多创产值 130 万元。4 分钱的魔力所释放出来的能量于此可见一斑。

但到了 1980 年 4 月，这个行之有效的奖励制度被上级有关部门勒令停止，理由是为了"纠正滥发奖金的偏向"。奖金撤下，运泥量也跟着下去了。袁庚拍案而起，他请来新华社记者写内参告"御状"。

在今天招商局历史博物馆的展示墙上，就有《胡耀邦总书记、谷牧副总理对蛇口工业区超产奖问题的重要批示》复印件，在这份批示中，胡耀邦口气颇为严厉："为什么国家劳动总局能这么办？交通部也这么积极？看来我们有些部门并不搞真正的改革，而仍然靠作规定发号施令过日子，这怎么搞四个现代化？"

"4 分钱"惊动了中南海。蛇口工业区获准继续实行超产奖励办法。

接着，招商局先后在蛇口港码头、华益铝厂、华美钢厂等工程项目中实行形式各异的奖励办法，大大激发了工人积极性。这之后，我国内地逐渐实行了工资奖金上不封顶、下不保底的办法，一举打破"干与不干一个样，多干少干一个样"的"铁饭碗"。

而随着改革的深入，人才的重要性与紧迫性日益显现出来。

蛇口曾流传着三个真实的笑话，都发生在蛇口工业区建设早期。一是英国剑桥大学派访问团访问蛇口，工业区一位干部很谦虚地问，你们是"建桥"大学，主要建造多大的桥啊？二是美国商务代表团参观蛇口，工业区一位干部笑容可掬地问对方，英国人是讲英语，请问你们美国人讲什么语？第三个是谷牧视察蛇口时，一位干部汇报说，刚到香港考察，思想有很大的变化，不只是180度的转弯。谷牧笑问：那是多少度啊？这位干部认真地说，是360度的大转弯。谷牧笑着说，同志，那你转到哪里去了？

这些笑话，袁庚在不同场合多次讲过。当然，他不是为了取笑，而是有其特别用意。当时，正在建设中的蛇口工业区是一种全新的尝试，需要新知识新思想的人才和管理干部。袁庚想借鉴香港的办法，实行招考聘任制，在几十年铁板一块的单位体制上打开缺口。

时下，人员流动是一件非常正常的事，但在20世纪80年代，很多人在一个单位一待就是一辈子。袁庚想摆脱干部对企业的人身依附，他认为这样才能让人才得到最大的自由发挥。他采用了两种办法：一是冻结，交通部冻结向蛇口工业区派干部；二是招聘，在全国范围内造势招聘干部。

1981年，蛇口工业区在广州、武汉、北京等地，以企业管理培训班招生的名义刊登招聘广告，公开招聘干部。当年12月8日，后来被称作"蛇口黄埔军校"的企业管理培训班在简陋的教室里举行了一场迟到的开学典礼。袁庚在典礼致辞的第一句话就是"我对不起诸位，把大家骗来了"。培训班 40 多名干部一时间不知道他葫芦里卖的什么药。袁庚说："蛇口工业区什么都没有，只有沙子和海水。如果我们干不好，就只能吃沙子喝海水。我是一个大冒险家，你们是些小冒险家，我在全国范围内把你们这些小冒险家网罗到蛇口工业区来，我们来冒一些险，搞一些改革。"

当时，这样的举动确实是某种程度上的一种冒险。企业管理培训班实行一年学制，除了英语、粤语、驾驶、外贸实务、企业管理外，还有一些专题讲座，最主要的任务就是解放思想。培训班曾请过加拿大多伦多大学的心理学教授江绍伦来讲授心理学。当时有人质疑，为什么要请资产阶级学术权威来散播唯心学？袁庚笑笑答道，西方学者把人类行为学植入经济管理中，作为一门学科来为企业经营者服务，把"效率"和"满足感"放在经济学中来考察，也有可借鉴之处嘛。

为了进一步释放人才潜力，袁庚主张取消干部等级制度并实行聘用制、不分身份、不分等级、职务随时可以调整变动。试举一例。作为工业区招考引进的第一名干部，王潮梁被任命为海上世界股份有限公司总经理，但仅仅 3 个月后就遭解聘。"我被解聘的事还上了《人民日报》。"王潮梁回忆，"开头我都能背出来了：在深圳蛇口有一个著名的'海上世界'，前不久它的总经理被解聘了。这个人作风正派，工作辛苦，但是没有做出开创性的事业，所以被解聘了。这就是新的蛇口观念。"

值得一提的还有蛇口房改。

在改革人事制度的第二年，蛇口正式启动了住房商品化改革，蛇口也成为我国最早实行房地产改革的地方。

1981 年，蛇口第一批职工住宅竣工，当时蛇口职工的收入要远远高于全国其他地方，而蛇口的职工住房也一改过去低收入、低房租的老路，开始采用成本核算的办法，实行按质按量论价，由职工自由选租，从国家包供给、低房租的"大锅饭"制度转变到按成本计租。当时，内地一套房的月租金不过三五元钱，但在蛇口三室一厅的房子月租金是五六十元，约占职工月收入的四分之一。这样一来，蛇口的很多职工宁愿住小房子也不住大房子。

为此，1984 年 12 月份，蛇口工业区在全国率先实行租售结合的住房商品化改革。在提高房租让人感到租不如买的同时，鼓励职工购买住房并将回笼的资金投入建造新房，实现资金良性滚动。在 1984 年蛇口的一份房改文件中还出现了首付、月供、土地使用年份、房产权等新名词——这样的名词穿越时间，镌刻了一个时代的远见。

四年后，深圳经济特区开始房改，全国的住房改革，是在 1998 年才真正全面铺开——有句话叫"先有蛇口后有深圳"，不仅是说蛇口创办时间早，更意味着很多改革经验、改革办法也是在蛇口先期试行并逐步成熟后才慢慢推广到各个经济特区，进而辐射全国的。有媒体总结，袁庚创造了 24 个全国首创或第一。每一项创新都在创造历史，都是那个风云激荡、高扬理想主义旗帜的变革时代的见证，是对那一种打破观念枷锁、勇闯改革禁区的精神与胆识的代言。

蛇口由此又被称为"特区中的特区"。

2016 年 1 月 31 日凌晨 3 时 58 分，袁庚平静地离开了这个世界，享年 99 岁。对今天的一些年轻人而言，这也许是个有点陌生的名字，但请记住，我们如今所拥有的从扭曲中恢复的习以为常的生活形态，有赖于当年包括袁庚在内的改革者们用勇气、胆魄与超越时代的识见一点点塑造。

从蛇口出发的敢闯敢试的改革精气神，会一直在城市的血脉里流转。

寻找上屋，寻找城市的成长密码

如果你想从私人视角对深圳改革开放史有一番了解的话，建议你去一趟位于宝安石岩的劳务工博物馆。它是我国第一家以劳务工历史为题材的专题博物馆，那里陈列的边防证、暂住证、家书、收音机等物品，将让你穿越时间的帷幕，回到那个热气腾腾、每一滴汗水都是一台微型加速器的时代。

你大概不知道，这座博物馆的前身，就是深圳市第一家也是全国首批"三来一补"企业。

它的名字叫石岩上屋热线圈厂，又叫怡高电业厂。

20 世纪 70 年代末，来自香港的一位谢姓女士，跨过深圳河，来到宝安县石岩公社上屋大队，开办了一家手工编织厂。随后，尝到甜头的一些当地人提出，由港商提供资金、设备和技术，上屋大队提供人力，进行扩大再生产。

引进"资本家"来办厂，当时已属破天荒之举，更何况是让资本家"加大剥削力度"？时任上屋大队团支部书记的叶福松后来回忆说，让港商来办厂，这样做究竟是资本主义还是社会主义，那时候搞得很紧张。每个人都想着，如果搞不好，会被打成走资派，或者是走资本主义道路的带头人，每个人都很怕。

时任宝安县委书记方苞也回忆说："（当年）有人指责我们'让港商占去我们的配额'，'把已消失了的剥削制度又引了进来，和资本主义社会没有什么区别'。"

但历史的趋势无人可挡。上屋大队的几个干部足足讨论了半年之久，经过投票表决，最终，该提议以一票的微弱优势获得通过。1978年底，在石岩上屋编织厂的基础上，上屋热线圈厂正式建成。

在这里，我们学会在更大的时空坐标下来看待这一起注定被历史镌刻的事件。

1978年12月，相继发生了几件对于中国未来发展具有划时代意义的大事。这个月，安徽凤阳小岗村18名村民以"托孤"的方式，冒险在土地承包责任书上按下鲜红手印，实施了"大包干"。这个月的18日，中共十一届三中全会在北京召开，改革开放大幕正式拉开；而就在同一天，中国最早的"三来一补"企业之一——香港怡高实业公司和宝安石岩的上屋村签下深圳"001号"办厂协议。

"在友好合作、平等互利的基础上，双方代表就发热线圈来料加工业务进行了充分协商，一致同意达成协议如下……"协议甲方为深圳轻工工艺品进出口公司和宝安县石岩公社上屋大队加工厂，乙方为香港怡高实业公司。协议的签订，也写下了中国工业化的新纪元。

但是，相比人们对小岗村历史及十一届三中全会的耳熟能详，石岩上屋热线圈厂的故事并不为人熟知。2010年7月初，由宝安区文化局、宝安区石岩街道投资排演、一部讲述上屋热线圈厂成立故事的话剧《突围1978》在宝安西乡影剧院上演，一部分年轻观众还不时发问"上屋在什么地方"。

事实上，上屋村这一突围的历史价值不容低估。某种程度上可以说，中国改革开放有着两个源头：改革的源头在小岗村，他们"联产承包"的尝试是一次内部改革，挣脱了束缚生产力发展的旧体制；而开放的源头在上屋村，他们率先引进"三来一补"企业，外面的优质技术、资金由此开始源源不断进入内地。

时间的脉络深处，隐藏着时代的秘密。1979年3月，在深圳市委成立的第二天，就发出了《关于发展边防经济的若干规定》。该《若干规定》的主要内容有四：一是恢复和发展边境贸易；二是积极开展补偿贸易，发展以出口为主的种养场；三是引进外资投资设厂，来料加工装配；四是扩大过境耕作，允许过境耕作人员收集境外废旧物资免税进口，交境内供销社或工厂翻新加工出售。

从中我们不难看出，石岩上屋热线圈厂成立在前，鼓励引进外资投资设厂的该若干规定在后。依这个层面看，称上屋热线圈厂成立是一种"突围"，并非夸张与抒情。在这座城市的书写中，并非一开始就是"春天的故事"；这座城市的繁华与前卫，源自自身不断的突围。而1978年岁末的那场突围，注定是这座城市发展史中最重要的突围之一。

1979年，120名上屋村民到石岩上屋热线圈厂做工，年收入加工费30万港元。1993年，香港怡高在港的生产线全部迁往上屋。2003年，整体搬迁至龙岗大工业区，启用"深圳全能电子有限公司"新名。如今，该公司已由劳动密集型企业转型为高新技术企业，产品畅销100多个国家和地区，跻身"200强外资企业"之列。

上屋热线圈厂的拾级而上与华丽升级，也是这个城市变迁的一个注脚。从"三来一补"的加工贸易时期，到以华强北为代表的模仿创新时期，再到创新科技之城崛起，这些年来深圳一直在发力奔跑，超材料、基因测序、石墨烯太赫兹芯片、柔性显示、新能源汽车、无人机等新鲜名词纷纷植入了这块土地，并且蓬勃生长。

那么，让我们不妨回到原点，将目光投向那栋已化身为中国首家劳务工博物馆的建筑，从那些陈旧斑驳的物证中，从深圳经济特区建立之前的"史前史"中，寻找城市的成长密码。

"动地一槌"：让凝固的土地价值奔涌不息

莲花山下的深圳改革开放展览馆里，有一柄拍卖槌，槌头直径6厘米，槌高8.7厘米，槌长31厘米；槌板高7.5厘米，宽17.8厘米，长53.3厘米，重2.95千克。这些详尽的数据显示了它的显赫身世——这不是一柄普通的拍卖槌，它的全称为"1987年深圳土地有偿使用拍卖槌"，又称"土地拍卖槌"或"动地一槌"，是深圳这一创举的直接见证物，属二级文物。

1987年12月1日，为了缓解大规模城市基础设施建设对资金需求的压力，深圳公开拍卖了一幅8588平方米地块50年的使用权。这是新中国第一次将土地作为商品来交易。

新中国土地有偿使用拍卖第一槌

值得一提的一个细节是，从来不知何为"拍卖"的人们，当时竟找不到进行这次拍卖的拍卖槌，当年的执槌拍卖官、时任深圳市规划国土局局长的刘佳胜回忆，为此他们特别请香港测量师学会时任会长刘绍钧和后来担任香港特首的梁振英帮忙。该学会专门派员赴英国，在一家有百年历史的木匠行定做了这个枣红色的樟木拍卖槌，赠送给深圳市。

因为是第一次，这次拍卖会的高规格纪录至今未能打破。拍卖当天，深圳会场座无虚席。时任国家体改委主任的李铁映亲临现场，国务院外资领导小组副组长周建南、中国人民银行副行长刘鸿儒以及来自全国 17 个城市的市长到现场观摩，香港方面则派出了一个由 21 人组成的"深圳第一次土地拍卖参观团"。

当时地块的起拍价是 200 万，叫价幅度起始是 5 万。从 205 万、210 万到 250 万只花了不到 3 分钟时间，250 万后现场有几分沉静，没过一分钟，就有人开始应价，拍卖官直接把叫价幅度调整为 50 万，价格几分钟内就到达 350 万。

时任深圳市房地产改革领导小组成员的桂强芳回忆："有一个头戴鸭舌帽，身穿开襟衣的银行旗下的开发公司老总直接口头叫价 420 万。本来 400 万的应价，他当时很激动，他说别 50 万了，我出 420 万。当时还有深房、深华、特发三家公司举拍，大家都互不相让。"

为了缓和这种激进的情形，起拍价调回 5 万的幅度。"当时怕大家的情绪激动把价格搞得太高，我们不想第一次搞改革，就把价格拉到天价，以后这件事就难进行了。"

"525 万一次，525 万两次，525 万三次！"最终，经过 17 分钟的轮番叫价，深圳经济特区房地产公司以 525 万元的地价款获得了一块 8588 平方米土地的使用权。次日，报纸头版对这"惊世第一拍"的评论是："这是新中国自 1949 年成立以来的空前壮举，也标志着中国大陆的改革开放进入了历史新时期。"

在这里，还有必要提及当时身为深圳经济特区房地产公司（深房）总经理的骆锦星，他代表公司参与了此次拍卖会。那时的他，已经在房地产行业待了七个年头了。在吴晓波所著的《激荡三十年》一书中提到，1980 年，为了和香港商人合作建房子，46 岁的他跟另外四个人成立了中国第一家房地产公司——深圳经济特区房地产公司。

1979 年春节，深圳建市前夕，省里要求管辖原宝安县的惠阳地委派干部支援深圳建设。当年 3 月，骆锦星从惠阳地区工交计委办公室副主任任上调职深圳担任深圳市房管局副局长。刚到深圳任职，骆锦星便接到任务：一年之内建成两个小区，240 套，总计超过 2 万平方米的房子，作为科级以上干部的宿舍。

按照当时的情况，建 2 万平方米的宿舍需要的征地费和材料费等，起码要 200 万元。当时深圳一年的财政收入才 3000 万元，最多只能给这个项目 50 万元。怎么办？骆锦星从香港火热的土地市场中得到启发，设想由深圳出地皮，港商出资金建房，利润双方分成。

为了找一个合理合法的理由与香港商人合作，骆锦星甚至跟深圳市委政策研究室的一帮人用了几天时间翻遍了《列宁选集》。皇天不负有心人，他们总算找到了这样的一段话："……住宅、工厂等，至少是在过渡时期未必会毫无代价地交给个人或协作社使用。"

有了理论支撑，投资的路也就走得顺畅。一位香港老板骑着自行车到深圳来，坐在一个破凳子上谈成了这次合作。没过多久，中国第一份合作建房合同诞生了——这一天是 1980 年 1 月 1 日。中国第一个商品房小区——东湖丽苑由此诞生。最后该楼盘一次性售罄。挣来的钱用于建设干部宿舍和居民宿舍。

回到"中国土地第一拍"这件事上来，正因为有了这样的与港商合作的经验，而且此前骆锦星在香港参加过招投标，深知深圳首次出让的这块地的价值，所以一开始他没有出价，直到 400 万以后，他才开始举牌。经过几个回合的较量，价码升到了 520 万，这离骆锦星最初的预算 530 万只有区区 10 万的距离了。幸运的是，当骆锦星喊出了"525 万"的价码时，没有人再竞价了。

1987 年 12 月 1 日这一拍，是中国首次以公开拍卖的方式有偿转让国有土地使用权。"这是一次历史性突破，是我国土地使用制度的根本性变革，标志着我国的根本大法承认了土地使用权的商品属性，跨出了土地商品化、市场化的重大一步。"当年媒体评论的声音，至今仍传来久远的回音。

　　"第一拍"落槌 28 天后，广东省人大常委会通过了《深圳经济特区土地管理条例》，规定土地使用权可以有偿出让、转让。1988 年 4 月 12 日，七届全国人大一次会议修改了《中华人民共和国宪法》有关条款，将原来"禁止出租土地"的条款删去，明确规定"土地的使用权可以依照法律的规定转让"。

　　1492 年，哥伦布在西班牙皇室支持下，扬帆远航，发现了美洲新大陆，开启大航海时代商业序幕。发生在 1987 年的中国内地"土地第一拍"，某种程度上也可以说，开启了一个让凝固的土地价值奔涌不息的时代。

"快来深圳吧，这里不用粮票！"

说起深圳经济特区建立后的著名的排队事件，很多人会想起 1992 年 8 月发生的那场股票风波，百万人涌入深圳通宵排队认购新股。

其实，在此之前，还有一次曾影响广泛的排队事件，埋在时间的尘埃里不为人知。但无论对亲历者来说还是对宏大的历史而言，它都有着非同一般的重量——那次排队，和取消粮票有关，铁板一块的计划经济由此被打开缺口。

在正式描述这起事件之前，先得向今天的人们解释一下何谓粮票。它是 20 世纪 50 年代至 80 年代我国发放的一种购粮凭证，其种类数量有"世界之最"之称，全国 2500 多个市县，以及一些大企业、厂矿、农场、学校、政府、机关等单位，都分别发放和使用了各种粮票，进行计划供应。

那个时代，被俗称为"粮本"的粮食供应证，和户口本、结婚证同等重要，不管你是什么人，去干什么事，任何东西都可以不带，但是绝对不能少了粮票。某种意义上，粮票以及黄皮黑字的粮本成了人们吃饭的护照。也因此，改革开放之前，城镇居民迁移户口时，有一个特殊的关系叫作"粮食关系"，粮食关系最终会具体落实到粮店，关系人只能限定在该粮店购粮。

深圳经济特区建立后，大量外来建设者涌入深圳，特区人口由两万余人一下膨胀到几十万人。他们大多没有将户口迁过来，或属非城镇人口，也就没有将粮食关系转入。没有粮票，就无法得到口粮供应，即使

1984 年深圳在全国率先取消一切票证，这是当时的深圳粮所（何煌友摄）

到饭店吃饭也成问题，粮食定量的不足之处开始显现。

到了 1983 年，深圳尝试用兑换券的方式，首先在部分商家中实行不收粮票经营。也就是说，如果你没有粮票的话，多花一点钱也能吃饭。没想到，即便价格翻了十倍，也没有人嫌贵，一下子各大饭店、商店纷纷效仿，交易时不再需要拿出粮票。

但是，随着不用粮票就能吃饭的饭店越来越多，粮食的来源就成了问题。由于当时全国还是配给制度，深圳市面上能够流通的高价粮食十分有限。于是深圳再次利用兑换制度，花高价从全国各地筹措粮食，很快吸引了大量的外地商家。一时间山东的啤酒、江西的莲子、四川的腊肠源源不断地运往深圳，不但市场上的物资越来越丰富，而且价格也随之降低。1983 年，深圳共消耗了 1 亿多斤粮食，其中有四成是不经过粮票直接销售的高价粮。

1984 年年底，深圳召开会议，研究取消粮食凭证定量供应问题。大家一致认为，既然国家赋予经济特区在改革方面先行先试的神圣使命，深圳就应该大胆改革，让国营粮食部门多储备一些粮食，取消粮票，提高价格，敞开供应。如果出现大量抢购，再提高粮价和研究其他对策。

1984 年 11 月 1 日，深圳正式在全国率先取消粮本、油本、粮票——在今天看来，这是一个石破天惊的、划时代的举措，但在当时的深圳却造成了恐慌。几十年来凭粮票、油票买粮油的习惯一旦被打破，给人带来了前所未有的不适感与不安感。人们担心，会不会出现没有粮食可以买，要饿肚皮的情况。毕竟，饥饿的记忆拥有巨大的惯性。

于是，消息传开后，新政策还没实施，饿怕了的市民纷纷到粮站排队购买粮油。据《深圳特区报》报道，土生土长的市民刘景秀看到陆续有人在各大粮站排队抢购米粮，甚至还跟粮站的工作人员起了冲突，她也拿上几年来积攒的几十斤粮票，到现在太阳百货斜对面的大粮站去排队了。"那天我早上 5 点多就去排队，但是在我前面已经排了好长的队伍。粮店开门后，一堆人就涌了进去，很快粮店就说没粮卖了，队伍中就开始起了骚乱，很多人骂了起来，甚至想去打粮店的人。"

由于购粮无果，刘景秀只好到别的粮站去碰运气。但是无论去到哪个粮站，结果都一样。没有办法，她只能等着新政策实施了。不过，她"没想到取消粮票后不但不会买不到粮食，而且买东西还特别方便"。

1984 年 12 月份从梅州来到深圳的赵美英，赶上了深圳取消粮票这一历史性事件，初来乍到，就感受到深圳的与众不同。

赵美英说，来深圳前，她也不知道深圳不用粮票了，在迁户时，还是把粮食迁移证和户口一并从梅州迁移了过来。而和她一起到深圳的还有她一生的积蓄——70 斤粮票。"当时，粮票对我们来说，是比钱还重要的财产，因为我们都习惯了，没有粮票，即使有钱也会饿肚子的，更何况要到人生地不熟的深圳。"

　　来到深圳后，赵美英才发现，就在一个月前，这里已经取消粮票了，这意味着带来的粮票全用不上了！虽然如此，赵美英还是非常开心。"在梅州时，我的工资只有 49 元 5 角，而到了深圳，我的工资一下子涨到了 300 多元，一个月就是原来半年的工资！"

　　赵美英回忆，刚到深圳时看到很多不同种类的大米，有进口米，0.32 元 / 斤，最好吃的泰国丝苗米 0.37 元 / 斤，而以前凭粮票供应的米一般是陈米，也卖 0.2 元 / 斤。因此，大家都可以按自己的工资水平去买米。而且因为不用粮票，什么时候想买，想买多少都非常自由。"我感觉自己到了一个新天地，一个无比自由的天地。"赵美英说，那时候，每次向外地人介绍深圳时，她总会加上一句："快来深圳吧，这里不用粮票！"

　　直到 1993 年，国务院在《关于加快粮食流通体制改革的通知》中提出：自当年 4 月 1 日起取消粮票和油票，实行粮油商品敞开供应。1994 年，全国各地基本取消粮票。当然这里面也还有一个小波折。粮票刚刚取消没多久，粮食不但价格疯涨，而且供应量急剧减少，粮食短缺的恐惧迅速再次笼罩所有人，一些地方赶紧又恢复了粮票制度。事实上，这只是制度转换时市场做出的自我调整，不到一年时间市场粮价就趋于稳定，粮食供应正式步入正轨。1994 年到 1996 年全国各地重新印刷的粮票，民众连面都没见到，就退出了市场。票证时代由此彻底终结，捆绑在商品身上的枷锁终于打开。

　　而深圳取消粮票的时间，比全国整整早了 10 年。深圳，再次跑到了时间的前面。

　　镜头回放，1983 年的深圳，粮票取消前夜，这最后的票证已经把新一天的大门提前打开。那一次排队，是蚕蛾对蛹的挥别。

竹园宾馆：率先传出"铁饭碗"被打破的声音

1983 年，一位时任劳动部领导到深圳国贸视察，问服务员一个月拿多少钱，一位女服务员回答说拿 200 多元。这位领导吃了一惊："好啊，比我还多！"

服务员工资高过副部长工资，这是深圳率先砸铁饭碗、破大锅饭，推行工资制度改革、用工制度改革之后创造的又一个"奇迹"，再一次拓展了人们对深圳的想象的边界。

这一切，要从竹园宾馆说起。

今天的竹园宾馆似乎并不显山露水，但时间的灰尘无法掩盖它的显赫身世——它是新中国第一家中外合资宾馆，甚至是新中国第一家中外合资企业。其"大事记"上写道，1979 年，深圳市饮食服务公司与香港妙丽集团公司签订了《关于兴办经营竹园别墅的协议》，这是新中国第一份深港合资协议。

1979 年，深圳市委给香港有关方面打过一个电话，称刚刚研究商定了一个合作"房产补偿贸易法"，即深圳出土地、厂房，外商出设备、资金，赚的钱双方分成。第二天就有一个港商迫不及待地过来深圳。他就是刘天就——香港妙丽集团董事长、《天天日报》社长、第一个到深圳投资的港商。

竹园宾馆原址是宝安县的竹子苗圃场。刘天就骑单车考察了深圳一轮，最后选中了这里，宾馆名称也由此得来。竹园宾馆于 1980 年动工，由刘天就首期出资港币 1500 万元，深圳出地皮和劳动力，建成宾馆现今的前楼和后楼。宾馆最高权力机构是港深双方组成的董事会，总经理由港方委派，深方派出副总经理一人，受董事会委托负责管理日常事务。

1980年代的深圳竹园宾馆（何煌友摄）

刘天就投资酒店的初衷非常简单：深圳即将全面开放，然而酒店业却只有侨社旅店和深圳旅店两家，住宿条件非常简陋，稍好的房间才配有风扇，条件好的十天半月换一次床单，稍差的半年才换一次，服务水平远没有达到接待外商的标准。

从商业的角度来看他是对的，但那时的他低估了改革的阻力。

竹园宾馆刚开业时生意火爆，但没过多久，形势就急转直下。有的外商在深圳宁愿住条件差的旅馆也不愿住竹园宾馆。问题出在哪呢？那个坚冰刚刚打破的年代，以"阶级斗争"的思维对待合资企业，是宾馆不景气的根本原因。

当时的竹园宾馆，"左"的无形绳索，禁锢了人们的头脑，也绑住了企业的手脚——服务员涂口红、对顾客微笑被说成是低级趣味，胸前挂上自己姓名职务被说成是侮辱人格，穿西装戴领带，住宿要空调和地毯的港方人员被说成是资产阶级"二流子"，厕所要喷香水被当成笑话流传……甚至有人将一纸状书寄到了深圳市委、市总工会，上面写道：除了门口的五星红旗，竹园宾馆已经成为资本主义的温床。

人浮于事也是一大弊端。宾馆曾经组织员工到香港的酒店参观学习，回来后对宾馆进行整顿。但是，还是有很多人不将它当回事。有的"同志"被"资本家"批评了几句，就不来上班了。不来上班不要紧，工资要照发，一分不能少。这样，干好干坏一个样，那些有心做好的员工也坚持不了，迟到早退时有发生。

生意冷清，刘天就萌生了退股念头。

《深圳经济特区创业史》中有这样一段话："竹园宾馆是第一家大型的合资企业，矛盾是否解决好关系到合资企业能否办得下去，能否留住老板，也关系到改革开放政策能否成功的问题。"

为了挽留刘天就，深圳方面决定采纳他的意见，将提高服务态度与水准当大事来抓，并由时任市委副秘书长、财贸办主任李定牵头，着手进行用工制度和工资制度改革。其中一个举措是，把工资、奖金与职务和工作好坏挂钩，不论新老职工，根据工作能力和表现重新任职，签订任职合同。从总经理到普通工人，定出12个薪级，按级别发工资，按表现发奖金。还制订出员工违纪处罚规定，有警告、严重警告直至解雇等5种处罚。

除了工资制度，改革方案还把干部、工人的身份打破了。过去只有干部当管理人员，并且按照级别担任职务；现在，工人干好了，也能当管理人员，干部干不好，照样当一般服务员。

这样的改革对员工震动很大。但仍有部分员工照样旷工、违纪，若不按规定处理，用工和工资制度改革便无法继续进行。开会研究时，宾馆领导提出要解雇 12 名表现不好的员工，遭到强烈反对。持反对意见者说，你们一次解雇 10 多人，10 次就要解雇 100 多人，如果有 10 个单位这样做，就要解雇 1000 多人。有这么多人失业，经济特区还算不算社会主义的特区？

李定他们不为所动，决定对违纪员工分两批解雇。第一批解雇 6 人，其中包括当时惠阳地委书记的媳妇。名单张榜出去后如同捅了马蜂窝。有关领导给李定打来几次电话："你们这可是违背社会主义原则的政治问题。"李定答道："这是合资企业，老板有制度，有权力解雇员工。我不能干预企业的内部制度。"

几个月后，员工看到违纪者真的被解雇了，惩罚来真格的了，风气为之一变，制度成为一项人人遵守的铁律。原准备解雇的第二批 6 人，因改正较好，决定不再解雇。宾馆人员上下齐心，服务水准提高很快，合作双方都很高兴。

有意思的是，一位解放初便参加革命的老同志，对工资改革和各项全新管理办法特别不理解，他说宁愿饿死也不给资本家打工，"不为五斗米折腰"，一定要按照过去论资排辈的方式按等级拿工资。于是主动要求调走，去了一个小招待所当所长。结果一年后，这位老同志自己穿着西装带着招待所服务员到竹园宾馆参观学习来了。

竹园宾馆打破"铁饭碗"的创新之举，也得到中央领导的肯定。谷牧在一次会议上说，党的工作重心已经从政治斗争转到经济建设上来。从竹园宾馆我们看到，党的干部开始学会经济管理，和外商谈生意，学会引进外商投资，这是转折点，很大的进步。我们的干部再也不是土包子了！

深圳市政府有关部门曾专门下发文件，明确规定，无论今后如何改制，竹园宾馆的名字不能改。因为它开了我国饮食服务业用工制度和工资制度改革的先河，载入了深圳改革开放史册——今天的竹园宾馆已经淹没在高楼丛中，但它的历史意义不应被淹没。

第二辑

Shen zhen
Shen zhen

深圳，深圳

麦当劳：曾经是奢侈品的代名词

在星巴克喝咖啡，或者在星巴克的小桌上摆弄一台笔记本电脑，或者在那里发呆、闭目养神……这样的场景，是关于小资情调的一种标配。不过，这算是小资情调的一种升级版，最开始，显示时尚、品位、潮流、高格的地方，叫麦当劳。

如今，麦当劳的金拱门已遍布华夏大地，但当内地第一间麦当劳餐厅在深圳开业时，它带来的是一片"新大陆"，是以一种崭新的生活方式与异域文化出现的。

"出其东门，有女如云。"这是《诗经》里的吟唱。而当年深圳墟所在地的东门，作为深圳最有名的商圈之一，也确实是一个"有女如云"的所在，人烟辐辏，浮世繁华。1990 年 10 月 8 日上午，位于东门核心区域的深圳市解放路光华楼西华宫上空，出现了一个硕大的金拱门标志，内地第一间麦当劳餐厅光华餐厅选择在这一天正式开张了。

开业时的盛况，值得被写入城市史或商业史里。

1990 年以管理培训生的身份加入麦当劳，1994 年担任光华餐厅经理的梁翠英回忆："我们早上 9 点钟举行开业仪式，当时邀请到了深圳市副市长、香港麦当劳的创始人伍日照以及他在美国麦当劳的一些朋友。开业仪式进行了两个小时，11 点才正式营业，但很多人很早就过来排队了。"

麦当劳的出现，引得无数深圳人举家前往。人们满腹新奇，队伍从餐厅二楼排到一楼，再绕着整个光华楼转了一圈。餐厅第一批员工仅有 400 多人。实在忙不过来了，公司不得不从香港临时调来 500 多名员工帮忙，每人每天要忙 10 个小时，还不能满足顾客要求。

餐厅当天营业额也创下全球麦当劳单店单天营业额最高纪录——46 万元。在开业之初的几年里，光华餐厅不仅吸引了深圳当地的顾客，全国其他地方的食客也蜂拥而至，迫不及待地要尝尝薯条和汉堡的新鲜口味。那个时候，吃一顿麦当劳，恐怕远比现在来一顿法国大餐记忆更为深刻。

更能将我们带入历史现场的，是细节。梁翠英介绍，当时大家不知道刀叉怎么用，也不知道配料怎么加。餐厅于是专门配备穿着粉红衣服的接待员在大堂教。"我们花了好长时间和顾客交流怎么喝热奶茶，他们习惯拿吸管喝，但那样很容易烫着。"

有人排了半天队，轮到他时，兴奋地来了一句："我要 10 个巨无霸。"显然，他是想将汉堡当成一种新奇礼物送给家人朋友。说到巨无霸，可能每个人有不同的吃法，而当时流行的吃法是，先小心刮掉那层芝士，然后吃掉牛肉饼，再吃掉生菜，最后就着可乐吃完上下两片面包。这种吃法成为那个时代的一种时尚，与熟悉的中餐相比，它代表了一种完全不同的生活方式。

20 世纪 90 年代，中国新兴白领已开始出现，他们以在麦当劳聚会为荣，就像今天的都市白领习惯于将聚会地点设在星巴克或者私人会所一样。事实上，那时吃麦当劳还属于一种高消费，类似于今天去高档酒楼。更何况，光华餐厅还是内地唯一一家能用港币和人民币支付餐饮的麦当劳，天生有一种高大上的范儿。

麦当劳是世界上最大的餐饮集团，开设有麦当劳的国家和地区超过了联合国的席位。全世界拥有的超过三万多家分店中，最南位于纽西兰茵薇卡其尔，最北位于芬兰旅游胜地罗凡尼米。在地球上，每隔 15 小时，就有一家麦当劳餐馆开业。而这背后，是其相对先进的管理及文化理念、服务体系及人才培养模式的挺进。

可以说，对我们而言，那个时候的麦当劳解决的不只是饮食问题，更是精神与文化的问题。麦当劳带来的不仅是一种迥异于中国餐厅的浪漫氛围，为白领们提供了不俗品位和雅致情调，它还带来了一种不同的文化理念，比如，"坐多久也不赶人"，在我们的体验里，这种来自经营性场所对人的尊重是空前的。

　　在很多中餐厅，如果你用餐时间过长，服务员就会有意无意地在你周边使劲收拾，用各种方式促使你不好意思或者不再愿意逗留下去。而人们很快就发现，出现在深圳的这家麦当劳，即便你只是买一杯饮料，坐上三五个小时，都不会有人对你侧目。

　　这样一种包容理念，与城市的气质是相互吻合的。20世纪90年代初，改革开放已经推进了一段时间，但外资对在我国内地投资餐饮业还不是很放心。香港麦当劳的老板之所以选择深圳作为市场切入点，除了地理因素之外，深圳的开放包容、深圳人对新鲜事物的超强接受能力等，也是一个重要的观察维度。

深圳东门麦当劳

今天的东门古朴与现代并存，光华餐厅门口的地面上铺设了一块金色的牌子，上面写着"1990 中国大陆第一家麦当劳在深圳开业"。这块标志着其特殊地位的牌子，让这家麦当劳餐厅更富含历史意味。依旧是三层小楼，夜幕中，楼顶的麦当劳标志依然醒目；门前，依旧是车水马龙。只是，人群中的面孔已不是当年的面孔，麦当劳，也和那个年代涌进国门的许多新鲜事物一样，不再是奢侈品的代名词。

比基尼：思想解放再一次从深圳出发

　　1986 年，这个世界发生了许多大事。宇宙飞船发回哈雷彗星照片、我国 "极地号" 科考船开始环球航行、第十三届世界杯足球赛开幕……对深圳来说，这一年发生的一件大事是 "比基尼"，让深圳再一次置于世界的聚光灯下。

　　1986 年 11 月 28 日—30 日，深圳体育馆举办了全国第四届 "力士杯" 男女健美邀请赛。这届比赛之所以成为一起历史性事件，是因为，它是中国健美界按照国际规则，在女子健美比赛中第一次要求女运动员穿上比基尼亮相，开中国女子健美先河。

　　在人们的思想观念还相对保守的改革开放初期，"比基尼" 的到来，引发了一股强劲的观念冲击波。

　　时任深圳市体委群体处处长陈均儒回忆，1985 年 11 月，在第 39 届国际健美协会年会上，中国被接纳为第 120 个成员国。既

全国第四届力士杯男女健美邀请赛徽章

然加入协会，就要按照协会的章程办事。因此，第四届全国健美邀请赛就增加了女子项目。而女子运动员参赛，就要求穿比基尼。这个规定一出，全国一片哗然。

不妨再让时光倒流。1979 年，北京新机场大楼壁画《泼水节——生命赞歌》，出现了全裸的女性画像，引起轰动，也引起了巨大争议。据说当年有人恨不得把画家袁运生直接送进监狱。

同样是那年 5 月，复刊不久的《大众电影》第 5 期封底上，刊登了一幅英国影片《水晶鞋与玫瑰花》中男女主角的接吻剧照，也一度引起了轩然大波。一位读者愤然投书报社称："你们这样做，我看是居心不良，纯粹是为了毒害我们的青少年一代。"

进入 1986 年，改革开放已经有了好几个年头，但冰封的观念是个逐步解冻的过程。那个时候，比基尼从来没有公开展示过，不少人认为比基尼过于简单暴露，有色情之嫌。体育、健美杂志都不敢刊登带有比基尼的图片，更何况是让它在众目睽睽之下亮相。举前面这样的例子，是为了帮助今天的人们更好地理解，比基尼在那个年代带给人们的巨大震动。

原本，全国第四届"力士杯"男女健美邀请赛由另一个城市主办，新规则一来，原主办方担心这样的比赛被人扣上帽子，力辞不办。别的城市也不敢接这个"烫手的山芋"。

这个时候，国家体委联系了处在改革开放前沿的深圳市体委，希望深圳承办，要求深圳派人到北京作汇报。其时，深圳市体委内部对是否承办也有不同意见，毕竟这件事很敏感，搞不好还得背黑锅。最终，市体委领导拍板，搞就搞，特区嘛，还是要敢闯。

就在深圳申请主办前后的时间，东莞举办的一场健美邀请赛却惹出了麻烦。很多参赛选手的父母坚决反对，在比赛期间有人报警，举报东莞正在上演黄色活动，要求警方必须抓人。这种情况下，很多人担心深圳的比赛也会捅出个娄子。好在市体委领导都表态说，出了问题他们承担责任，才使得筹备事宜继续进行。这时，距离比赛开幕已经不足 3 个月了。

由于前三届比赛选手都没有超过 100 人，深圳生怕来参赛的人少，就给几乎所有的省市都发了邀请函，然后就忐忑不安地等待。没想到，那时候，"比基尼" 3 个字就足够吸引眼球。赛事一经发布，就吸引了来自广东、四川、黑龙江、辽宁、山东、贵州、安徽、云南、北京、上海、陕西以及香港地区的 250 多名运动员报名，其中女运动员 30 多名。

更出乎主办方预料的是，蜂拥而至的记者超过了 800 人。100 多家国内外报社，70 多家杂志社、图片社和出版社，30 多家电台、电视台以及 3 家国内电影制片厂纷纷派记者采访。由于接待场地有限，有关方面包了竹园宾馆的全部房间，结果还不够用，又临时紧急租用了市体委的宾馆。

比赛前还发生了一点小意外。陈均儒回忆："一位裁判从内地来深圳，忘记去办边境证了。在过关时被火眼金睛的武警战士发现，立即扣押起来。我们去接的人等到半夜也没接上，大家都急得不行。后来这位裁判通过单位辗转通知我们，被扣在二线关了。我赶紧找司机，带上两张比赛门票，去关口要人。司机起初还在心里嘀咕，没想到票到放人，效率极高。这个小插曲大概也能在一定程度上说明赛事的火爆吧。"

从 11 月 28 日到 30 日，从初赛到决赛，一共比了七场。门票价格被黄牛炒上天。当时门票分三等，分别是 10 元、15 元和 20 元。后来在体育馆外面 10 元的被炒到了 200 元，这甚至是内地普通工薪阶层几个月的收入。门口卖望远镜的小贩嗅到了商机，比赛那几天，光望远镜就卖了 1000 多个。

而赴现场采访的外媒也一时云集，比如日本的 NHK，路透社、美联社等，他们当然不是前来看比基尼表演，而是想看看这场比赛透露出了什么信号。3天比赛还没结束，他们就得出了结论——中国民众的思想解放越来越大胆，民众支持开放的中国，因此，中国的改革开放政策不会变。比基尼，无意间成了外界判断中国改革开放的风向标。

这场"惊世骇俗"的比基尼比赛，也被央视评为当年度"全国十大新闻"之一。至此，之前对这场比赛所有的担忧烟消云散。

1987年，国家体委将一年一度的"力士杯"全国健美邀请赛正式改为"全国健美锦标赛"，代表中国参加世界健美大赛的运动员也开始出现在国际赛场。此后，国内各种舞蹈、电影、电视、刊物上开始出现比基尼，健身俱乐部在一些偏远的地级市也开始普及。

火热的比基尼，让那些陈腐、坚硬的观念融化并节节败退。人性与思想的解放，再一次从深圳开始，有如大河奔流，释放出了这块土地的蓬勃生机。

深交所"抢生"记

1990年春天，时任深圳证券交易所筹备组负责人之一的禹国刚等人去北京到中国人民银行总行汇报。当时中国人民银行监管司司长是金建栋。禹国刚和金建栋之间一段精彩对话至今仍在坊间流传。

禹国刚："金司长，我们这个筹备都做得差不多了，你看什么时候能开业。"

金建栋："老禹，深圳证券交易所，这个谁敢批给你啊，这个事没人敢给你弄啊。我给你改个名字，叫深圳证券市场。你如果同意，现在我都可以给你批，你回去马上可以运作。"

禹国刚："福田有个菜市场、罗湖有个肉市场，我这边叫深圳证券市场。我这到底是菜市场还是肉市场啊？叫深圳证券市场，跟菜市场还是肉市场有什么区别。"

金建栋："老禹，你不懂，我给你改这个名字，我马上就能批，回去马上就能运作。你运作起来了，你可以更名啊。"

这样一个细节，也可以看出改革创新、打破桎梏从来不是一件容易的事情。其时，关于股份制，关于证券市场，因为姓资姓社的问题，从中央到地方，争论非常激烈。直到1992年1月18日，邓小平第二次来深圳视察，他讲了一段话："证券、股市，这些东西好不好，是不是资本主义独有的东西，有没有危险，社会主义能不能用？允许看，但要坚决地试。看对了，搞一两年对了，放开；错了，纠正，关了就是了。"类似这样的争论，才算彻底平息。

而这时候，距离深交所率先诞生，成为新中国第一家按照国际惯例进行集中交易的证券交易所，已经过去一年多了。深交所的"抢跑"，也很好地阐释了深圳人"敢为人先"的特质。

镜头回放。

邓小平说了一句在改革开放史上很有名的话："中央没有钱，可以给些政策你们自己去搞，杀出一条血路来。"但是，钱从何来？1988年5月，时任深圳市委书记、市长的李灏率团赴英、法、意三国考察。在伦敦举行的一次有金融界人士参加的座谈会上，李灏备受启发——从利用外资的角度看，建立证券交易所，可以在证券市场上源源不断地筹得发展资金。

自此开始，深交所的筹备工作被提上日程。

事实上，从1982年深圳宝安率先发行1300万股票，到1988年4月1日深发展在深圳也是全国最早成立的特区证券公司的柜台上交易，"股份制"和"股票"的概念就从深圳逐渐发散到全国。1986年10月深圳市政府颁布了《深圳经济特区国营企业股份化试点暂行规定》更是勾画出了深圳证券市场的轮廓。

创业艰难。

深交所筹备人、创建人、前法定代表人禹国刚回忆："1990年1月1日开始，我们把深圳的国贸三楼作为深交所筹备组办公室。这个办公室实际上是几间仓库，我们做了简单的装修后就开始办公。当时国贸三楼的办公室，只有几间房子，不够用，也没几张办公桌。联办的高西庆来帮助我们修改深交所的一些业务规则、章程。就是在一个小小的茶几上，我们两个人蹲在那儿，他拿一支笔，我拿一支笔，就那么改。这就是我们的创业。"

"深交所最初筹备的时候没有钱，专家小组请那些研究生帮我们翻译资料，不能不给人家钱，人家到深圳起码要吃、要住。于是那个时候我从中国银行深圳分行借了一套房子，又借了一些桌椅、板凳、被褥等东西。那一套房既是宿舍，也是饭堂，同时还是办公室，我们就在那儿开会、写文件。我们还得到了深圳市投资管理公司 20 万元无息贷款，作为专家小组开办费用。"

1989 年 11 月 15 日，深圳市政府下达《关于同意成立深圳证券交易所的批复》。

但是，尽管深圳最早向中央申报，深交所的"出生证"却迟迟未能拿下。而当时的另一个背景是，上海方面因为要配合开发浦东，在政府的大力支持下，直接借鉴了深圳的固有资料与经验，上海的证券交易所已呼之欲出。这下深圳市的领导坐不住了。

在搞完了深圳经济特区 10 年大庆之后，1990 年 11 月 22 日，李灏带着当时的市长郑良玉，副市长张鸿义，以及中国人民银行深圳分行的几个行长来到深交所筹备组现场办公。李灏刚一走进会议室的门，还没等坐到沙发上，就斩钉截铁地说："今天我们是来拍板的。"与会人员的意见分两派：一派主张提前试开业；另一派坚持没有北京的批准就不能开业。

面对争论，禹国刚说："如果深交所能够尽早开业，现在市场上 85% 的毛病我们可以立即清除掉；反之，如果当断不断，任由柜台交易继续乱下去，总有一天这个市场会到不可收拾的地步。"李灏听罢，要求将打手势买卖、上板竞价、电脑操作股票交易先演示一遍，"看看再说"。

演示结果令人满意，特别是电脑操作时屏幕上数字的变化让大家大开眼界。于是李灏说："一切都准备好了，为啥不开呀？1990 年 12 月 1 日，深圳证券交易所就开始集中交易。"为了避免今后节外生枝，他最后又一锤定音："此事今天就拍板定了，今后不再开会研究。"

就这样，在未领到"准生证"的情况下，深圳证券交易所于会议结束一周后的 12 月 1 日"呱呱坠地"，开始集中交易了。时至今天，禹国刚依然清晰记得那个早上的每一个细节。

　　"当天上午9点整，交易所门前，我的老搭档、同为副总经理的王健拽着开业敲钟的绳子，我陪同在他身旁，深圳市资本市场领导小组副组长董国良同志站在交易大厅里。没有市委市政府领导的助阵，没有鞭炮锣鼓的欢响，更没有人潮涌动的热闹。一切平静安详。随着王健手中绳子的拉动，一声清脆的钟声拉开了崭新的历史帷幕……"

　　当天，深交所只有1只股票——深安达进行交易，从开市到收市，深安达一共进行了8笔交易，成交量为8000股。

　　仅18天后，上海证券交易所也开始集中交易。直到1991年4月11日，中国人民银行总行才正式批准深交所成立，补发了一张"出生证"。

　　现在回过头来看，深交所是"抢生"的，或者是先"办酒"再"登记"。但是，正好是因为有了这种敢为天下先的意识，深圳才能在资本市场开创31个国内第一，包括公开发行新中国第一只股票、成立新中国第一家证券公司、出台新中国第一部国企股份化法规、发行新中国第一只金融股票……一次次胎动，一次次蝶变，从这里开始。

深圳证券交易所

　　今天，莲花山下、深南大道旁的深交所大楼是深圳又一座地标式建筑。该建筑底座被抬升至 36 米形成一个巨大的"漂浮平台"，顶部建有一个"屋顶花园"；腰部由一条鲜亮的红色光带"缠绕"，整体造型犹如一个漂亮的烛台——这是一个隐秘而美好的寓意，中国资本市场的先声，如同烛光一样，首先在深圳这块热土上点亮。

华强北：期待下一个腾讯诞生

如果要评选深圳最有名的商圈，华强北当之无愧。

步入华强北，各大电子巨头挂在外墙上的广告，如手机巨头华为、小米、三星、苹果、OPPO 等，验证了华强北的江湖地位。赛格广场、华强电子世界、华强广场、远望数码城、明通数码城、赛博数码城、龙胜手机城、中电数码城、都会电子城、佳和电子市场、桑达通讯市场……塞满了大大小小几十万商家，一种沸腾的城市气息扑面而来。

2007 年，由华强北各大电子市场电子元器件、手机、数码、IT 等 56 类产品组成的华强北"电子市场价格指数"正式发布，入选工信部的数据源之一；2008 年，华强北被中国电子行业协会授予"中国电子第一街"，成为全国规模最大、科技含量最高、产品种类最齐全、年交易额最大的电子产品交易集散地，是国内电子行业的晴雨表和风向标。江湖传言，华强北"打个喷嚏"，珠三角乃至全国市场都"跟着感冒"。

华强北的这一独特地位，其来有自。早在深圳经济特区筹备时期，电子业就被作为来料加工的主导产业。特区建设初期，华强北所在的上步片区，就是深圳的产业高地。中央各部委在深圳的投资大多投在了华强北，深圳的工业企业集团，如赛格集团、能源集团、石化集团、纺织集团等企业总部，特别是电子工业部、广东省电子工业局在深圳的投资以及深圳电子工业总公司均落脚于此。在深圳第一座高层建筑——电子大厦动工前的 1979—1980 年间，来自内地和香港的电子产业资源已经在不断地向深南大道和华强北交会处聚集。

高峰时期，华强北日均人流量达到 50 万人次。这片小小的土地，是众多草根的创业天堂。曾经，"我在华强北有一间铺"，跟今天"我在宝安有一栋楼"一样都是赤裸裸的炫富。因为 1 平方米柜台最鼎盛时期卖到 60 万元，1 张商铺申请登记表 5 万元，档口老板一天入账数百万元，一天的现金交易额甚至以亿元为单位。

30 多年来，华强北至少诞生过 50 个亿万富翁和无数的百万富豪，腾讯、神舟电脑、大族激光、海能达、同洲电子、金证等知名企业都出自华强北。

这里面，最让人津津乐道的，是腾讯的创业故事。

1998 年 11 月 11 日，深圳华强北赛格科技园的一栋老旧写字楼里，马化腾与张志东等五个年轻人共同成立了深圳市腾讯计算机系统有限公司。他们当时看到在国内如火如荼的寻呼系统与还在萌芽的互联网服务之间，存在着跨界融合的可能性与新机遇，于是决定创业开发一个即时通信工具。其中，马化腾出资 23.75 万元，占有 47.5% 的股份，张志东出资 10 万元，占 20% 的股份，曾里青出资 6.25 万元，占

华强北赛格科技园

12.5% 的股份，陈一丹和许晨晔各出资 5 万元，各占 10% 的股份。

接下来，就是划分岗位职责，马化腾出任公司 CEO（首席执行官）、

张志东出任 CTO（首席技术官）、许晨晔出任 CIO（首席信息官）、曾李青出任 COO（首席运营官）、陈一丹出任 CAO（首席行政官）。

即使在当年，对一家公司来说，50 万元的启动资金也有点捉襟见肘。五个人过着饿了吃盒饭、困了睡沙发的"IT 生活"。马化腾曾经回忆，创业之初他和几位创始人最害怕月底，因为那段时间虽然被热心人免去房租，但水电费还是要交的，机房的服务器 24 小时运行，尤其是到了夏天，空调、热水器、大功率电器齐齐上阵，水电费成了一项沉重的负担。

就是在这种情况下，马化腾和四个小伙伴在一个隔间里开发出了 QQ 软件的前身 OICQ——中国最早的即时通信软件。他们当年定下的目标是，3 年内将公司扩充为 18 人。他们无论如何也想不到，有一天，它会成为亚洲市值最大的上市公司。

时至今日，腾讯当年在赛格科技园的办公室还刻意保留着，尽管已经空无一人。它是一家世界级巨无霸公司的原点，是一个时代的见证，也是一代年轻人敢为人先的勇气和毅力的注脚。

同时，对华强北来说，它也是一个巨大的隐喻——今天的华强北商圈有企业 6.5 万家，个体工商户 4.4 万户，从业人员约 22 万人，体量在不断增大；许多企业完成了从传统柜台模式向体验式消费高端业态的成功转型，无人机、3D 打印机、智能机器人等高新技术产品都在华强北研发生产，商圈内的国际创客中心成立后也已风生水起……那么，下一个腾讯，何时会在华强北诞生？

你可能不知道，天上有一颗"锦绣中华星"

1月21日，是华侨城建设者永远难忘的日子。这一天，邓小平同志到这里的中国民俗文化村和锦绣中华微缩景区游览。

"锦绣中华"，是集中国名胜古迹于一体的世界最大的微缩景区。中国民俗文化村，是中国民俗艺术的荟萃之地，是集民间艺术、民族风情、民居于一园的大型游览区。

锦绣中华

上午9时50分，小平同志在省、市负责人陪同下，乘车来到中国民俗文化村东大门广场。民俗文化村顿时沸腾起来了。广场上欢声雷动，鼓乐喧天，身穿鲜艳民族服装的各族青年男女，载歌载舞迎接小平同志的到来。

在广场西侧，小平同志登上电瓶车，由徽州街西行，缓缓驶经各个民族村寨。所到之处，各少数民族的演员都在尽情地跳舞欢歌，敲鼓击乐，充满欢乐祥和的气氛。小平同志一行在这里领略了千姿百态的民族风情，欣赏了古朴纯美的民间歌舞。而那别具一格的徽州石牌坊群，富有民族特色的贵州鼓楼、风雨桥，云南藤桥，金碧辉煌的西藏喇嘛寺等，又把小平同志一行带进了中华民族源远流长的传统文化长河中。

正在这里游览的群众、港澳同胞和外国朋友，纷纷驻足道旁，鼓掌向小平同志致意。小平同志亦频频向他们招手。

到新疆维吾尔族民居，小平同志走下电瓶车，在这里坐下来，兴致勃勃地观看维吾尔舞蹈。这时，小平同志的小孙子走过来，邓楠抱住他，说："亲亲爷爷。"小孙子亲昵地吻了一下小平同志的面颊，小平同志十分开心。

小平同志接着到锦绣中华微缩景区游览。在"天安门"前，小平同志下电瓶车观赏了"故宫"景色。然后，他走到"故宫"景点旁边的小卖部，很感兴趣地欣赏玻璃柜内的纪念品。

在"布达拉宫"前，小平同志分别同家人及亲属、陪同的负责同志合影留念。在驱车回迎宾馆途中，小平同志和陪同的负责同志亲切谈话。

这是雄文《东方风来满眼春》留给我们的一组珍贵的历史镜头。小平同志与家人在锦绣中华微缩景区"布达拉宫"前的合影，也因此广为人知。更重要的是，"锦绣中华"从此不再只是一个形容词与名词的组合，而是作为一个标志性的景点，进入了历史的视野。

一切，也许要从 1985 年的某一天开始说起。这一天，时任香港中旅集团常务副董事长兼总经理马志民到欧洲考察，在荷兰玛林洛丹参观一个叫"小人国"的景区时，他大受启发：小小的微缩景观能尽揽荷兰名胜，我们能不能把中华五千年文明和其丰富的旅游资源浓缩在一个主题公园里，让中外游客在短时间内领略中华民族文化？

他应该也会想起，1983 年，港中旅组织在香港、菲律宾、澳大利亚举行了一个反映中国自然风光和历史文化的摄影展览，引起空前轰动。大批观众慕名而来，不得不一再推迟闭馆时间。若能将摄影内容以雕塑的形式固定下来，一定会大受欢迎。"锦绣中华"的雏形，就在那电光石火间形成了。

当然，作为"中国现代主题公园之父"，马志民的这一灵感也是其来有自。早在1959年，马志民就主持兴建了深圳水库的亭台楼阁和深圳市人民公园。那是他最早与"公园"发生联系。20世纪80年代初，国家对公民旅游实行"不鼓励，不提倡"政策，旅游还不是一个独立的产业，其部门只是附属在外事接待部门的一个事业性单位。最初深圳华侨城的定位就是工业为主，连"旅游"两个字都没有直接提出来。但是，马志民那时就明白了这样一个道理——"文化是明天的经济"。

在一次全国高等旅游院校理论研讨会上，他表明了他对中国旅游产业未来的信心："旅游业将是新世纪全球最大的产业，中国旅游资源丰富，未来将会是世界第一旅游大国。"尽管其时每年到中国内地的外国游客仅有400多万，而同时期的香港，每年接待的外国游客高达560万，整个中国内地还不如香港一个弹丸之地。

不过，马志民的设想，首先就遇到了观念上的阻力。当时，"主题公园"是绝大多数国人听都没听过的新鲜玩意，华侨城片区最初的定位是招商引资建工厂，开发旅游也违背了这样的初衷。因此，华侨城指挥部多数人对此投了反对票。

有人说，这笔钱不如去搞房地产，深圳湾这么荒凉，搞旅游无异于将钱扔到海里；还有人说，要搞旅游不如搞新鲜刺激的游乐场；更有人讽刺说："古有秦始皇修长城，今天是'马始皇'修长城。"

尽管如此，时任国务院侨办主任廖晖在最终决策时，拍板认可了马志民的方案。唯一的改动是，景区的名称当中有"小人国"三字，廖晖认为，中国是泱泱大国，叫小人国不合适。于是，后来大家商议采用了

"锦绣中华"这个名字。

就这样，中国第一个主题公园"锦绣中华"在一片猜疑声中开工了。值得一提的是，华侨城开发之初，就以年薪11万美元，聘请新加坡著名华人建筑师孟大强担任常年规划顾问，主持制定华侨城的总体规划。11万美元，以20世纪80年代中期中国人月均数十元人民币的收入水平，这无疑是令人咋舌的高薪。但这笔钱物超所值，高水准的规划，使包括锦绣中华在内的整个华侨城片区一出世就风姿绰约、高档大气。

为真实再现原景观的风格和艺术价值，在开始筹备建设的过程中，锦绣中华园区就邀请原景物所在地的文物研究部门以及上百名著名古建专家、雕塑艺术家、园林工艺专家当顾问或亲身投入创作。当时全国有20多个省区市的2000多名工程技术人员，专程赴深圳进行雕塑创造。

经过精心打磨，1989年9月，锦绣中华建成并正式对外开放。该景区可谓中国五千年历史文化和九百六十万平方公里锦绣河山的荟萃和缩影，迷你版的万里长城、秦兵马俑、敦煌莫高窟、黄果树瀑布等80多处反映中国历史和华夏文明的微缩景观，大部分按1：15比例复制，使游客得以"一步迈进历史，一日游遍中国"。

景区开业时的火爆程度，不但超出了当初怀疑者的想象，也令马志民始料不及。每天至少上万游客蜂拥而入，多时达二三万人，以至于深南大道不得不临时封闭一半，用来停靠旅游车辆。但这带来了更多的人流，最后，锦绣中华景区甚至不得不在电视上播放了一则广告："希望深圳本地市民暂时不要参观锦绣中华。"

调查显示，当年国庆期间的冲印店中，80%的照片是锦绣中华的景观。有人形容说，刚开业那会儿，"售票处犹如印钞机般财源滚滚"——事实上，锦绣中华一亿元人民币的投资，在开业当年就全部收回，这是一项令人想都不敢想的纪录。

另一项纪录是，开园当年，锦绣中华就吸引了来自世界各地的716

万游客。这是中国主题公园年接待游客量的最高纪录。当然，它带来的不只是门票收入，更有中华文化的传播，进一步提高了中华文化在世界上的能见度——也许正是这个原因，很多人不知道的是，1991年3月26日，一颗国际编号为3088号的小行星以锦绣中华公司的名义命名为"锦绣中华星"。

作家高晓声曾经著文感叹："过去我就畅想过把祖国名胜古迹一一制成模型，集中到一起，汇成大观。可惜书生无用，想了不做，自成空想。现在看到自己未花吹灰之力，别人却替我实现了理想，也可算是人生的一大乐事了。"

锦绣中华开园两年后，中国民俗文化村盛装迎客，一年半后收回了11亿元的投资。接着以58亿元兴建"世界之窗"，1994年开业，投资在3年内全部收回。及至接下来的欢乐谷、东部华侨城等，华侨城的几大景区联袂亮相，列队而出，均大获成功。不仅每年接待的游客人数和旅游收入占深圳市旅游业的60%以上，还向全国辐射，成为享誉全国的旅游品牌。自此之后，各种各样的主题公园在国内遍地开花，重塑了人们的公共生活与休闲方式。

30年来，仅仅一个锦绣中华，就接待海内外游客7000多万人次，累计营业收入逾50亿元，利润总额超15亿元，向国家累计上缴税金超过5亿元，锦绣中华、民俗村的民族艺术团先后应邀出访美国、加拿大、德国、法国、荷兰等国家以及香港、澳门、台湾等地区，演出400多场次，在海外掀起了一股"中国民族文化和民族舞蹈的旋风"——我国至今是文化逆差大国，华侨城正在用自己的努力，一点点为实现文化顺差而努力。

面朝大海，万物滋荣。从当年的荒凉滩涂，到今天的城市文化地标，向海而生的华侨城，不仅仅是一座城，它还是一种城市品质、文艺格调与生活方式。

那村、那窗、那谷，带给我们扑面而来的锦绣年华与记忆。

Shen zhen
Shen zhen

深圳，深圳

第三辑

为风景命名，走进时间轴上的城市"八景"

"赤湾昔时多胜概，龙穴楼台云百态。杯渡禅踪迹可寻，孝在参山青似黛。玉勒汤湖千百载，卢山桃李新一代。莫道鳌洋瀑未悬，新安八景依然在。"这一首《玉楼春》，说的正是当年人尽皆知的"新安八景"。

我国历来有评选地方八景的文化传统，源远流长、经久不衰。据相关考证，最早为北宋初期的"潇湘八景"。此外如"燕京八景""羊城八景"等，皆已成为知名的地域文化符号。一处地方景观本来是静态的、无声的，但通过对景观的命名与传诵，它变得灵动起来了，获得了免受时间侵蚀的人文生命力。

据考证，明万历元年之前，深港地区还属东莞县，曾有"宝安八景"，即市桥春涨、风台秋霁、黄岭廉泉、宝山石翁、彭峒水帘、靖康海市、海月风帆和觉华烟雨，但具体内容已杳不可寻。清康熙年间，深圳、香港等地都隶属新安县管辖。清康熙九年（1670 年），辽东铁岭人李可成任新安知县。

其时，清廷刚刚取消"迁界令"——迁界令又名迁海令，清政府为对付明朝遗臣郑成功在台湾的郑氏王朝，以断绝中国大陆沿海居民对其之接济，于康熙元年由辅政大臣鳌拜下令从山东省至广东省沿海的所有居民内迁 50 里，并将该处的房屋全部焚毁，并不准沿海居民出海——长达 8 年的北迁浩劫终告一段落。也因此，李可成上任伊始，见到的情景是"老幼委沟壑，壮者散四方。每登高一望，荒草颓垣，即欲闻泽雁之鸣，杳不可得，岂无孑遗"，"县治久墟，无内外防"。8 年多的遗弃，新安县可以说是疮痍满目，百废待兴。正是在这种情况下，为了稳定人心，抑或为了招揽更多移民，在3年多的任期内，李可成跑遍新安县的山山水水，与地方乡绅合议，选出了最具代表的八景：赤湾胜概、梧岭天池、杯渡禅踪、参山乔木、卢山桃李、玉勒汤湖、鳌洋甘瀑、龙穴楼台，"新安八景"由此而来。

"新安八景"第一景说的是赤湾胜概，景致主体就是位于南头半岛赤湾地区的天后庙。天后庙始建于宋，郑和下西洋归来曾亲自率众重修，之后经明、清多次重建，规模越来越大。据《新安县志》记载，至民国年间，赤湾天后庙有山门、牌楼、月池、石桥、钟楼等建筑20余处，加上附属建筑、庙产及祀田，占地900亩，是我国沿海地区最大的拥有99道门的天后宫庙。

赤湾天后宫

令人遗憾的是，由于战争和历史原因，到了1960年，赤湾天后宫就基本上荡然无存，所有文物古迹均被毁或散失民间。1992年深圳对天后宫进行重新修复，1995年对外开放。此后每年的农历三月廿三天后诞辰日，来自深圳、香港、澳门、东莞以及海外的善男信女成群结队前来祭祀，重现昔日盛况。

在"新安八景"记载中，有两景位于香港地区，其中第三景杯渡禅踪，与赤湾胜概隔海相望，位于香港新界屯门湾。清康熙《新安县志》记载："杯渡山，在县南二十里，高峻插天，一名圣山，南汉时封为瑞应山；有滴水岩，有杯渡庵，有虎跑井，韩愈、蒋之奇各有诗。"

清嘉庆《新安县志》也记载："杯渡山：海上胜境也。昔宋杯渡禅师住锡于此，因名。山麓石柱二，相距四十步，高五丈，今半折。《府志》谓：'昔鲸入海，触折'。山腰为杯渡寺，前有虎跑泉，其左则鹿湖、桃花涧、滴水岩、瑞应岩、莺哥石，后有石佛岩，杯渡石像在焉。佛座后有洞，深不可测。有吊钟树，两株，环抱岩上。古木千章，郁然苍秀。兰花径，香气四时不断。山之巅，镌'高山第一'四字，旧传为韩愈题。前俯大洋，海水汩没，杳溟无际。而山中林泉之胜，又觉别有天地矣。"

杯渡山就是今香港新界屯门的青山，原名羊坑山，一名圣山，是古代新安县最高的山峰。南朝刘宋元嘉五年（428年）杯渡禅师憩邑屯门山，还驻锡于灵渡山，时常以木杯渡海，往来于两山之间。后人因名曰杯渡山。南汉乾和十一年（953年），关翊卫副指挥同知、屯门镇检点、防遏右靖海都巡陈延，为尽孝心，曾命工镌杯渡禅师像，立于杯渡山杯渡岩内供养，为母祈寿。石像现仍存青山寺后的杯渡岩，雕刻简朴，线条很浅，此或因时代久远，风化侵蚀所致，该像至今仍存。南汉大宝十二年（969年），南汉国主刘铱敕封杯渡山为瑞应山，并勒碑纪其事，惜碑今已不存。

相传唐朝韩愈被贬到潮州，途径屯门遇到飓风，在此逗留，写了一首诗。他写道："乘潮簸扶胥，近岸指一发。两岩虽云牢，水石俱飞发。屯门虽云高，亦映波浪没。"还题写"高山第一"四字，后人将它们刻在山巅的石岩上。

为纪念禅师，宋代在杯渡山北腰上建有杯渡庵。清道光年间，杯渡庵被改建成为青云观。1918年改建为青山禅院。青山禅院除了有壮丽的大雄宝殿之外，还有护法殿、青云观、五德观、诸天宝殿、望月亭、方丈室、居士林、地藏菩萨殿、牌坊及山门等建筑。如今，青山禅院已成为香港最著名的古刹之一。

同样位于香港的鳌洋甘瀑，具体地点如今已不可考，在所有八景中最为扑朔迷离。有人考证位于今天香港的薄扶林村，传说遇连日暴雨，就有百尺甘瀑。早年外国商船驶经此处，远望甘泉飞瀑从天而降，加上流水甘甜，遂停泊取水，因而得名"甘瀑"，现建有瀑布公园。但最近又有香港学者考证认为，鳌洋甘瀑实际位置在西贡粮船洲。

"新安八景"中，深圳人最为熟悉的，恐怕就是"梧岭天池"。

清康熙《新安县志》记载："梧岭天池，在六都梧桐山旁，产茏葱竹、龙须草。相传有绿毛龟，但少见之。"又云："梧桐山，在县东六十里，三峰秀拔，周匝数十里，山阴垂距东洋，山阳延袤境内，顶有天池，深不可测；多梧桐异草，山下有赤水洞。"又云："东六十里曰梧桐山，二峰嵯峨干霄，为邑巨镇。"

梧桐山位于深圳水库东侧，主峰海拔高度943.7米，是深圳市最高的山，三峰秀拔，周匝数十里。站在山巅，极目远眺，海天一色，深圳全境尽收眼底。可惜的是，当年"深不可测"的天池，如今已经浅可见底。

"卢山桃李"位于今天东莞市常平至黄江一带。《广州记》记载："山上有湖，至甲戌日间，山有鼓角声。"明代曾在山前设寨驻军，以御匪寇，故有"虎头潭故寨"遗迹。相传仙人在卢山种有桃李数株，桃熟时人们入山可摘桃吃，吃饱为止，如果拿走，就会迷路。从此以后，卢山声名益盛，游人纷至沓来。

其他如"参山乔木"，指的是位于宝安沙井中学后面的参山，因昔日山中松柏乔木甚多而得名，传说是为了纪念著名孝子黄舒而种植。"龙穴楼台"，指的是宝安沙井西南海面的龙穴洲上，每年正月会出现海市蜃楼。"玉勒汤湖"，指的是宝安石岩水库附近玉律村西面的汤井，传说"能疗疮疾"。清初屈大均将汤井列入广东名泉记载在《广东新语》里："新安有汤井，在玉勒村，秋冬常有烟气。"旧址犹在，但景象已不复当年，消失在历史的尘烟中，让人颇生沧海桑田之感。

1997年，深圳评选出了城市的"十大旅游景点"，它们是世界之窗、野生动物园、锦绣中华微缩景区、中国民俗文化村、青青世界、仙湖植物园、小梅沙、银湖旅游中心、香蜜湖度假村、观澜湖高尔夫球会。到了2004年8月，可能很多人还记得，深圳开评"深圳八景"，在31处候选景观中，最终由大鹏所城、莲山春早、侨城锦绣、深南溢彩、梧桐烟云、梅沙踏浪、一街两制和羊台叠翠来共同组成新的"深圳八景"。

2015年，一家深圳本地媒体发动读者投票，评选出了"深圳新八景"——莲峰伟人、前海观潮、机场晨曦、高新揽春、平安耸云、梅沙踏浪、书城墨香、红林火炬。

从"新安八景"到"深圳十大旅游景点"，从"深圳八景"到"深圳新八景"，串起的就是深圳的一部变迁史。一个城市的前世今生，一个城市不断向前延伸的发展脉络，俱在这样新旧面孔交替的城市景观当中。事实上，为城市景观命名的过程，也是我们重新打量与认识城市的过程，是与城市进行亲密交谈的过程。

"深圳新八景"就是我们感受今日深圳脉搏跳动的一个个节点。比如"前海观潮"，因为前海，因为自贸区，曾领全国开放之先的深圳，将再立改革潮头；比如"高新揽春"，它是"深圳智造"的展示台，来自五湖四海的高学历人才在这里迸发出深圳的无尽创新力；比如"平安耸云"，从上海宾馆，到赛格、地王，再到京基100、深圳平安金融中心，一次次地刷新建筑物高度，也一次次地刷新深圳的发展高度……在这里，你可以读懂深圳。

清嘉庆《新安县志》卷之十八《胜迹略》中如此写道："夫名山大川一经前人游览，往往形诸歌咏，此地以人传也。邑中风景，其最著者，如杯渡高峰、赤湾胜概，每令人低徊不能去。……极之一邱一壑，一台一榭，考焉必详；至于名人之冢墓，不使淹没于荒烟蔓草之间，而萧寺禅林概从搜辑，亦以备观览之。"无论是旧"八景"还是新"八景"，都是我们进入深圳记忆的指示牌。通过它们开启市民与城市的对话及对视，这样的"八景"将更多地沉淀为每个人心中的精神地标。

每个地名都是一个独立的文化物种

深圳不乏一些有意思的地名。比如，某一天你在街头向美女问路，问她"三围在哪里"。如果这事发生在外地，人家可能会把你当成流氓。如果发生在深圳尤其是宝安区，人家可能会一本正经地为你指路——深圳确实有一个叫"三围"的地方，位于宝安区西乡街道固戍社区，那里还有一个三围码头。

地名承载着大地变迁的秘密，保留有前人记忆的体温。对我们来说，了解深圳，先得了解那些深入历史脉络的地名。

很多人已经知道，"深圳"即是田间有一条深水沟之意，这一城市名称来历已见诸各种媒体。但是，更多的深圳地名来历，还隐藏在时间的皱褶深处，并非广为人知。

比如，你也许没听说过，"罗湖"来源于清代康熙年间就已存在的罗湖村。"罗"字源于古越语，是古壮侗语对山的称呼，带有"罗"字的山名是古代百越族人的遗留。"罗湖"就来自周围湖塘众多的那座山的名字。1982 年，因建罗湖联检大楼，罗湖山被夷平。

福田来源于"福田村"。南宋光宗年间，上沙村始祖黄金堂的四子黄西为，到松子岭南麓建村开造了跟格子一样的"格田"。因为看着像一幅幅美丽图画，所以把"格田"改名为"幅田"，后来因为"幅"跟"福"同音，又更名为"福田"，取"得福于田"之意。

盐田的名称来源于"盐田村"和"盐田墟"。盐田村、盐田墟的最早历史记录，出现在清康熙《新安县志》里，因在海边造田晒盐得名。清朝时期，在现今盐田港东北角的海滩上，出现了一个交易墟市，许多人不走山路，而是从海路划船、乘船而来，这就是盐田墟。后来墟市越来越大，赶墟的人就在墟市边搭棚逗留，露天的墟市逐渐演变成盐田村。

而布吉得名，与俗称"布隔"有关。三百多年以前，当地有一个莆隔村，因为客家话中，"莆"与"布"发音相近，到了清朝中期，逐渐被称为"布隔"村。清咸丰二年（1852年），在村的南面建起了丰和墟。

观澜原来叫"官难"。观澜墟坐落于新安、东莞两县之间，而新安、东莞各自都在墟内设置了地方治所，当官的互相牵制，所以，老百姓都叫此墟"官难"，以为一种讽喻。后来，一位很有名气的风水先生，云游到这里的河东岸，每天清早坐在河边"观望波澜"，并在这里建了观音庙，取名"观澜"。"官难"也由此改名为"观澜"。

公明名称来源于原有的公明墟。明朝天顺年间，在现在将石村的附近，就有了周家村墟；到清嘉庆年间，出现了白龙岗墟，也就是今天的薯田埔村的前身，还有永长墟（在今松岗罗田）；清光绪年间，原来的白龙岗墟附近，又出现了丰和墟。其中，以丰和墟最为兴旺。后来，因为这几个宗族之间发生纠纷，在楼村武举人陈海神、合水口村麦晓孙的倡议下，于1929年，在合水口与上村的交界处，按照香港元朗墟的模式，建公平墟，取意"买卖公平"，又叫义和圩（即移和圩）。1931年改名公明墟，取"公道光明"的含义。

位于深圳市中心的莲花山公园，应该是深圳人气最旺的一座公园，每天游人如织。但是很多人并不知道，它以前不叫莲花山，曾有过四个不同的名字：花果山、大和岭、莲花梁、九江垅。岗厦村人叫它花果山，上梅林人叫它莲花梁，下梅林人叫它九江垅，深圳镇到沙头一带的人叫它大和岭。1952年，解放军工程兵在莲花山上修筑了军事设施，并在它的几个不同名称中，选取了既通俗又好听的一个，略加改动，在地图上正式标上了"莲花山"这个名称。从那以后，这个名字一直用到了现在。

莲花山公园山顶的邓小平铜像

　　蔡屋围本来并没有蔡姓居民。300 多年前，原居民都姓陈。清康熙年间，陈氏从松岗沙埔围村雇了一名姓蔡的青年长工，专门养鸭。蔡姓青年后来成家立室，买田起屋，子孙后代日益增多，而沙埔围村的蔡氏人家也陆续迁居到这里。结果，外来的蔡氏反成了该村的主人，定名为"蔡屋围"，到 20 世纪 80 年代前，这里仅有几户陈氏及其他姓氏人家。

　　皇岗村以前叫作"黄岗"。乾隆四年（1739 年），番禺状元庄有恭来到这里，因为同姓拜了庄氏祠堂，这才更名为"皇岗"，因为状元是皇帝钦点的。而车公庙的来历，据说宋朝有一位姓车的名将，智勇双全，曾经成功平定过江南之乱，南宋末年，宋帝南下避难，由车大将军一直护驾到了广东深圳一带。车将军去世后，后人为表其忠勇，就为他立庙供奉——如今的车公庙呈现的是繁华的都市景象，众多白领出入其间，古意无迹可寻。但是，只要这个地名还在，附着其上的历史烟云就不会消失于无形，我们就能通过地名与历史进行对望。

而一些更细微的、不曾在地图上标注的地名，其来历就往往更不为人所知了。正是无数这样的地名故事，沉淀着历史的细节，丰富了城市的历史文化面容。

2009 年，网络世界里突然爆红了一句"贾君鹏，你妈妈喊你回家吃饭"，在短短一天之内创造了 710 万的点击量和 30 万的回帖数。其实，在现实世界里，在深圳的坪山，确确实实存在着一个寓意"喊你回家吃饭"的地名，它的名字叫对面喊村。

这一地名已有 200 多年的历史。话说清康熙年间，叶姓人家在坪山的开基祖叫叶培初，由归善县迁入坪山田心村。叶培初家产丰厚，有大量田产房屋，但自己却目不识丁。有一次，叶培初嫁女要写请帖，特意从外地请来一位先生代书。但不知什么原因，那天代书先生迟迟不来，叶培初站在自家屋前苦苦等候。正在此时，有一个从福建流落到坪山的小货郎许庭聪，挑着担子叫卖，从叶培初家门前经过，看见叶培初满脸焦急的样子，便询问怎么回事。当得知是在等候先生代写喜帖时，许庭聪自告奋勇，愿为代劳，不一时就把喜帖全部写好了。叶培初一看十分高兴，邀请许庭聪在坪山落脚，从此之后二人交往甚密。日子长了，叶培初十分赏识许庭聪懂得文墨，又年轻有为，就把自己的小女儿许配给他。因为许庭聪家里没有其他亲人，就干脆入赘叶家为婿，从此落户在坪山田心。

许庭聪与叶家女儿成亲之后建起了自己的新房，与岳丈的房屋隔田相望。翁婿两家关系十分亲密，每至逢年过节，女婿家都要备上好酒好菜，站在门前往对面的岳丈家大声地打招呼，请岳丈家人前来过节。岳丈家这边的人听到招呼声后就说："对面喊吃饭了，我们快去吧！"久而久之，人们就把许氏住的地方叫作"对面喊"。直至现在，对面喊村的居民都姓许，把许庭聪奉为先祖。

　　每个地名都是一个独立的文化物种。这样的地名故事，让历史的记忆更加茂盛。其实，深圳很多老地名保留有浓郁的方言痕迹和地方生活习俗，如古越语中的"埗""埔""甫""洞""岇""垌""基""围""大""麻""乌""云""雷""巴"等。深入城市地名的源头，我们才能发现一个更立体更真实的深圳。

岭南人文初祖及其他

先来看一个故事。

《加勒比海盗》系列中，有一个"世界海盗王大聚会"的画面，席中赫然坐着一位名为"清（Ching）氏"的老太太，领导着来自东方的海盗团伙。这个女海盗形象来自大文豪博尔赫斯的短篇小说《女海盗清寡妇》。而小说的原型确有其人，但不姓清，更不是奇怪的老太婆，而是一个居住在新安的叫郑一的海盗的妻子，人称郑一嫂。

话说郑成功他爹郑芝龙是明末最为猖獗的海盗，他兼并了其他团伙并接受了明朝的招安，基本控制了整个东南沿海的海上贸易。郑成功撤往台湾时，部将郑建来不及跟随，只能率领部下从福建逃往广东，重新成为海盗，郑一嫂的丈夫郑一便是其后代。

郑一去世后，郑一嫂成为海盗首领，高峰时拥有十万部众和千艘战船，活动范围覆盖整个广东沿海，被普遍认为是史上最大规模的海盗组织。由于在和英军的海战中吃过亏，郑一嫂积极购买西式武器装备手下，当时的清军根本不是她的对手，屡战屡败。

郑一嫂后来归顺了朝廷，并被封为诰命夫人。再后来，郑一嫂带着财产和部分手下定居澳门，他们把船上的赌博风气带下来，靠开赌场过滋润生活，颐养天年，有人认为她是澳门赌博业的奠基者。

是的，你一定想不到，在这个故事里，深圳人原来还与博尔赫斯、与《加勒比海盗》发生过关联，这在某种程度上颠覆了许多人对深圳的想象与认知。深圳出现在各种宏大叙事、经济数据、发明创新里，也出现在方志乃至各种民间传说里。这是深圳的 A 面与 B 面，让人感受到了深圳之"深"。

是的，深圳自古以来便并非只有蛮烟瘴雨，而有着较为丰富的历史人文储藏。如果说郑一嫂的故事毕竟更多见诸野史，而且并非以正面形象示人，但考证典籍，正如一些有影响的考古发现校正了人们关于深圳无历史积淀的偏见一样，从这里走出来的历代名人，也让人感受到了这块土地所承载的文化重量。

比如，被称为岭南人文初祖的晋代孝子黄舒就出生在深圳沙井。最早记述黄舒事迹的史书，是南朝宋沈怀远所著《南越志》："宝安县东有参里，县人黄舒者，以孝闻于越，华夷慕之如曾子之所为，故改其所曰参里也。"黄舒死后葬于"大田乡猪母岗"，就在现在的步涌村大田路旁。2001 年，在一片茅草丛中，深圳市文物管理委员会的专家和当地村民发现了"黄舒墓"，成为轰动一时的新闻。

明朝末年，陈文豹是西乡有名的乡贤，当清兵攻进广东地区后，他组织了 2000 多人的团练，保境安民。由于他很有声望，附近盗匪无不敬畏。其时，南明著名抗清将领，"岭南三忠"之一张家玉在东莞抗清失败，逃到西乡后，得到了陈文豹的拥戴。陈文豹拿出所藏的两大瓮白银，招兵买马，助其抗清。顺治四年（1647 年）六月，清军攻陷南头城，乘势围剿西乡。张家玉和陈文豹摆出"空城计"，解了西乡之围。几天后，清军卷土重来，两天两夜的厮杀后，陈文豹战死沙场，西乡惨遭屠戮。张家玉的盟弟罗应垣在《张文烈公军中遗稿》书序中说及陈文豹："新安布衣陈文豹，破万金之产，全家殉国，于此亦足发明先生忠诚鼓励，大有激扬于世教矣。"

到了近现代，整个岭南人才辈出，从深圳走出的名人就更多了。晚清时的广东人欧榘甲所著的小册子《新广东》中，专门讨论过岭南人文繁盛的原因，认为要点有四：一曰人才之出众，二曰财力之丰厚，三曰地方之握要，四曰户口之繁殖。这样的论断当然同样适用于深圳。可能很多人并不知道，我国植树节的首倡者是一位地道的深圳人——凌道扬，祖籍广东省新安县布吉丰和墟（今深圳市龙岗区布吉老街），中国近代著名林学家、教育家、水土保持专家之一。他发起创建中国第一个林业社团组织"中华森林会"，倡导设立中国第一个"植树节"，参与制定中国第一部《森林法》，参与创办香港中文大学。

除了凌道扬之外，布吉凌氏在多个领域人才辈出。比如，凌善安曾任国子监教授，教过光绪皇帝英文；凌筱瑛是中华人民共和国成立后第一批妇产科专家之一……此外，西乡人郑毓秀是中国第一位获得博士学位的女性律师，开了现代"女子参政之先例"。1925年，郑毓秀被聘为北京女子师范大学校长。

作为一个移民城市，深圳人很早就远渡重洋，将移民触角伸向了海外，并从中诞生了出类拔萃的人物。比如，苏里南第三代华人麦克·杨祖籍龙岗区龙城街道龙西社区楼吓村，其祖辈早在100多年前就移居苏里南。凭借勇气与坚韧，凭借中国人吃苦耐劳的秉性，他们不但在异国他乡扎下根来，麦克·杨还成功融入了当地主流社会，并担任苏里南环境整治和土地森林政策部部长，成为苏里南有史以来为数不多的华人部长之一。

前几年，深圳曾发生过一起万里寻亲的故事——葆拉是美国第一个掌管一流广播公司的黑人女性，曾被评为美国商界最具影响力的非洲裔女性之一。退休之后，她开启了跨越两个大洲、四个国家和七个城市的寻根之旅，寻找她的外祖父塞缪尔·罗。塞缪尔·罗原名罗定朝，为深圳龙岗鹤湖新居罗氏后裔，当年背井离乡，远赴牙买加谋生，并结识了牙买加姑娘，生下葆拉的母亲。后来罗定朝独自返回中国，葆拉的母亲再也没见过自己的父亲，带着遗憾离世。最终，葆拉在深圳实现了外祖父所传8个家庭100多人最完整的一次相聚。

　　"我是谁？""我从哪里来？"这是生而为人的我们在这个世界所面临的两个基本问题。中国的文化传统，带给我们一种更深的寻根情结。即使身居海外，即使身上只有部分中国血统，这种融入基因的寻根情结仍然被顽强地保存了下来。这一个万里寻亲的故事，既是血缘的召唤，也是一种向内的文化力量的召唤。

　　对我们来说，也需要这样一种关于城市的寻根。了解深圳历史文化，首先得从了解深圳历史名人开始，从了解那些与人有关的城市记忆开始。那是一座人文富矿。

寻访那些消失在历史烟雨中的书院

对深圳来说，曾经的最大的误解与偏见，可能莫过于"文化沙漠"说了。有人曾考证，"文化沙漠"一词最先用于深圳，特指文艺、教育、精神生活等较为匮乏的地区。

这种根深蒂固的偏见，来源于对真实的深圳的隔膜。且不说今天的深圳已成为全球知名的"设计之都"，成为首个"全球全民阅读典范城市"，即便从历史上看，深圳也并非只有蛮烟瘴雨，而是文脉绵延，书院文化颇为发达。

书院在我国古代教育史上占有重要的地位。从岳麓书院到白鹿洞书院，某种程度上，一部文化传播史也就是一部书院史；从朱熹到王阳明，众多先贤都在相当长的时间里讲学于书院，他们的重要学术研究成果不少是在这一过程中完成的。

在北宋深圳地区，有历史记载的最早书院是建于宋代的力瀛书院，由北宋进士邓符协于 1075 年创办。与广东境内其他 3 家知名书院比较，它创建的时间仅晚于英德的涵晖书院，但在学舍设置、办学条件、育才贡献诸方面，胜于涵晖书院。

据《邓氏师俭堂家潜·四世祖符协公家传按语》载："公性笃学，好交贤士。解任后，筑室桂角山下，创力瀛书斋，建书楼，读书讲学。置客馆、书田城于里中及郭北。修桥梁，发膏火，以资四方来学之士。乐育英才，多所造就。"

力瀛书院的准确遗址今已不可考。据清嘉庆王崇熙所著的《新安县志·山水略》载："桂角山在县东南四十里，多产桂，两山竞秀如角，一名龙潭山，宋邓符协筑力瀛书院讲学于其下，今基址尚存。"这说明，至少在清代，这座深圳最早的书院还没有"失踪"。

事实上，到了清代，深圳的书院文化更加蓬勃兴旺。光南头古城内，就有三座官办书院，分别是宝安书院、文冈书院、凤岗书院。其中最早的宝安书院，是丁棠发任新安知县时所建的。

丁棠发，字卓峰，浙江嘉兴府嘉善人，戊辰科进士，康熙三十三年（1694年）任新安知县。丁棠发博览群书，喜好诗文，其所作《忆扬州》为时人传诵，被收入徐世昌所编《清诗汇》中：

烟花佳丽古扬州，隋帝行宫迹尚留。

绵缆船归杨柳岸，玉台花发广陵秋。

中宵明月闻歌吹，十里珠帘卷画楼。

油壁香车虚客梦，为言小杜未曾游。

他上任后，宽惠仁慈，清理丁粮，均平徭役。他发现南头城里还无社学，认为"惟是地斥卤近海，民轻于犯法，若不施教化，辄弃人于讯刺击断之间，是郅都、宁成贤于毕公、召伯也"，于是召集绅士，商量创建宝安书院。

经过商议，他们认为东门外学宫有山海拱卫的形胜，就将书院选址在它的右边。购买砖石木料以及建设经费需600金，丁棠发捐俸300金，绅士和富人义助另一半。书院中间建有大堂，大堂正中悬挂着时任中丞的高公赐额"薪樵教泽"；前有大门，楔悬"宝安书院"。前凿大池，栽荷其中，书院四周遍植垂杨、桃李、桂杏之属。

书院建成后，丁棠发延请温泽孚主持书院的讲席。

温泽孚，字上汲，新安县西乡人。幼年就十分聪颖，得到明末"岭南三杰"之一的张家玉的赏识。长大后，他博览群书，邑中士人都很佩服他的知识渊博。他对《易经》的研究尤为精湛，以《易经》中试，康熙二十九年（1690 年）庚午科举人。他先任崖州学正，题升琼州府教授，未任而卒，时年 77 岁。

丁棠发任满离任时，新安全县乡绅为他立了一块去思碑，嘉庆年间这块碑还保存在南门内。然而，不久后因为海盗猖獗，宝安书院地处南头城的东郊，没有城垣的保护，很多子弟不敢在那就读，久而久之，书院就破落了。嘉庆庚申年（1800 年），书院改成了水仙庙。

继任者段巘生为湖南常宁人，进士出身。他也一贯好文，注重教化。他来到新安后，发现宝安书院已经破败不堪，为解决新安子弟的读书难问题，便发起筹建文冈书院。

文冈书院的校址在城西五通街，原来是一个姓徐的守备购买的，只有 13 间房屋，他又从周围蔡、叶各姓那里买地建屋，共有 29 间房屋。守备打算将房屋转让给巡司周联甲、胡文焕，有一天，两人和段巘生谈起此事。段巘生于是就和他们商量："为何不让给我？我买下来办社学。"

两人听后一致同意。徐守备听说段买房是用来办学，价值 140 两的房屋，100 两就卖给了段巘生。学校建成后，取名为文冈书院，段巘生亲自撰写《创建文冈书院社学社田记》，要求"嗣后文武各官，不得占为衙署；租石银两，不得私收颗粒分毫；当事往来，不得借为传舍，以荒生童学业，有负圣天子建立社学之至意。而奋志青云之士，务期砥砺切磋，明体达用，为名世、为良臣，庶于吾道，大有光也"。

在文冈书院先后担任过山长的有：冼攀龙，康熙二十九年庚午举人；黄梦桂，雍正四年丙午举人；邓晃，乾隆二十七年壬午举人；蔡珍，乾隆二十四年己卯举人；陈宗光，乾隆三十九年甲午举人。从中不难看出，文冈师资力量雄厚，新安清代前期文化教育已然兴旺。

事实上，新安县的大姓望族非常重视子弟教育，提倡耕读传家，鼓励族人参加科举，晋身仕途，为家族增光。他们在村内大设书室、学舍，并在宗祠、书室和家塾里，悬挂子弟的功名牌匾。除了官办书院外，还有众多私人兴办的书院、书室星罗棋布于这块土地上。如今，在深圳的一些老村落里，尚存有它们的身影，如东门的思月书院、西乡乐群村的绮云书室、南山向南村的义方书室和逢源书室、福永凤凰老村的顾三书室、沙井的智熙家塾、光明圳美村的德淳书室、公明玉律村的集芝书室等。

其中声名较盛者，当数思月书院。该书院建于清康熙年间，原为明代张姓宗祠，张氏兄弟四人思月、爱月、怀月、念月，是向西村、湖贝村、水贝、田贝的张姓始祖。思月书院原址在南庆街22号，是老深圳人熟悉的古迹，后迁移到东门步行街，1997年重建，仍保留了原建筑风格——行走在东门老街，经过思月书院时，也许你仍能听见有琅琅读书声穿过嘈杂市声，朝你飞奔而来。

思月书院

正是因为书院有着传道济世、兼容并蓄、自由讲学的特征，以及天然具有开放的治学精神，近来，书院文化在历经近百年的沉寂后开始悄然复兴，不但一些高校尝试恢复书院文化，实践传统与现代的对接，一些地方也纷纷兴办现代书院。仅以深圳为例，福永凤凰书院、盐田紫禁书院等先后开张。凤凰书院位于著名的凤凰山风景区凤岩古庙下，由我国首位诺贝尔文学奖获得者莫言亲笔题写院名。紫禁书院则是故宫的文化体验中心，弘扬和传承中华优秀传统文化的平台。

对深圳来说，现代书院的创办也意味着公共文化服务生态的进一步丰富。深圳有市民文化大讲堂，有读书论坛，有各种各样的周末讲座，但是，这些都不能代替书院，不能代替书院所拥有的独特"气场"。秉承城市的开放、创新特质，在铸造城市人文精神、"寻访"人文价值等方面，现代书院将进行更多有益探索。

一座有书院的城市，是亲切的，妥帖的，有温度的。

寻找一个灿烂王朝最后的背影

2017 年 1 月 9 日，"广东十大海上丝绸之路文化地理坐标"终评在广州举行，深圳南头·赤湾丝路历史文化古迹等获评"广东十大海上丝绸之路文化地理坐标"称号。

赤湾位于南头半岛顶端、珠江东岸，与香港屯门隔海相望，有"粤海门户"之誉。这里不仅有赤湾古村、赤湾港口，也有天后宫、左炮台、赤湾烟墩、宋少帝陵等古迹，是深圳市文物保护最为密集的区域。其中，宋少帝陵于 1982 年被发现，是广东地区目前唯一一处皇帝陵墓。

宋少帝陵

宋少帝，也称宋末帝，名叫赵昺（bǐng），是宋度宗赵禥（qí）的儿子，宋末三帝之一。很多人想不到，一直被认为缺少历史文化积淀的深圳，竟然收藏了一个灿烂王朝最后的背影。

每有客来，深圳人陪同游玩的无非是民俗文化村、欢乐谷、东部华侨城等人造景点。说到深圳的人文景观，罗列出来的也多半是大鹏所城、客家围屋之类。

即便到了蛇口，很多人想去看看的也往往是海上世界，或者领略一下海滨小城风情，不知道不远处的山脚下，一个叫赵昺的孩子，孤零零地安眠在那里。

说到皇陵，很多人想到的是神道兽碑，是石雕翁仲、避邪和天禄，是高大巍峨的封土。然而，宋少帝陵比大户人家的祖茔还要简陋，林间隙地的封土一抔而已，墓碑才及胸口，上刻"大宋祥庆少帝之陵"字样。宋少帝陵的冷清，和那一段凄苦、沉重的历史倒是颇为契合。

赵昺生于公元1271年，这一年，忽必烈建立了元朝，因此，他一出生就注定是一场悲剧。1274年，度宗死在酒色之中，四岁的嫡子赵㬎在奸臣贾似道的扶持下登基做皇帝，称为宋恭帝。当时宋元交战，元兵已饮马长江，南宋国势危急。

1276年，南宋国都临安陷落，宋恭帝被俘。南宋大臣护送赵昰和赵昺南逃，并在福州拥立赵昰为帝，即宋端宗。元兵穷追不舍，南宋小朝廷被迫继续逃亡到广东。1278年端宗病死，大臣们就拥立8岁的赵昺为帝，改年号为祥兴，并以陆秀夫为左丞相，张世杰为太傅，进驻广东新会崖山，继续抗击元军。

公元1279年2月，中国古代史上规模最为宏大、战局最为惨烈的一场海战在广东新会崖门海域展开。交战一方是已踏平了亚欧大陆的蒙古帝国，一方是已苦苦支撑了半个世纪的孱弱南宋。据称，对垒双方共投入兵力22万多，但最终天不佑南宋，宋船接连被破。43岁的丞相陆秀夫眼见无法突围，便背着 8 岁的皇帝赵昺投海而死。随行的南宋军民、宫女等亦相继跳海殉国。《宋史》记载，战后，十余万具尸体浮于海上。这是任何大片也拍不出来的悲壮一幕。由元人编撰的《宋史·本纪第四十七》这样记载："今暮且风雨，昏雾四塞，咫尺不相辨。世杰乃与苏刘义断维，以十余舟夺港而去，陆秀夫走卫王（少帝）舟。王舟大，且诸舟环结，度不得出走，乃负昺投海中，后宫诸臣多从死者。七日，浮尸出于海十余万人。杨太后闻昺死，抚膺大恸曰：'我忍死艰关至此者，正为赵氏一块肉尔，今无望矣！'遂赴海死，世杰葬之海滨，已而世杰亦自溺死，宋遂亡。"

民间传说，当时赤湾海滩漂来一具身着黄袍龙衣的童尸，而赤湾海边天后庙的一根栋梁却突然塌下，庙祝与乡绅父老急忙焚香问卜，得知童尸为少帝遗骸，塌下的栋梁是天后娘娘送少帝做棺材的材料，当地百姓于是礼葬赵昺于天后庙西边的小南山脚下。

这样的传说，在天后博物馆收藏的《赵氏族谱·帝昺玉牒》中，也得到了部分呼应："后遗骸漂至赤湾，有群鸟飞遮其上，山下古寺老僧偶往海边巡视，忽见海中有遗骸漂荡，上有群鸟遮居，窃以异之，设法拯上，面色如生，服式不似常人，知是帝骸，乃礼葬于山麓之阳。"直到公元 1903 年，这个陵墓被赵氏后人发现。于是他们开始筹款，在公元 1911年开始修缮宋少帝陵。

赤湾天后宫，即今天的天后博物馆，坐落在深圳小南山下，其创建远溯宋代，最初的命名是"赤湾天妃庙"。这个名称一直沿用了近四百年，直到清康熙二十三年（1684 年）才更名为"赤湾天后宫"。

经过明清两朝多次修葺，其规模日隆，成为当时沿海最重要的一座天后庙宇。凡朝廷使臣出使东南亚各国，经过这里时必停船进香，以大礼祷神庇佑。明永乐初年，三宝太监郑和奉明成祖朱棣之命，率领舟师远下西洋，开创海上"丝绸之路"，赤湾天后宫为其重要一站。

鼎盛时期，赤湾天后宫有数十处建筑，120余间房屋，占地900余亩，殿宇巍峨恢宏，庙貌气象万千。据资料记载，当年赤湾天后庙每逢农历三月十五到三月廿三的庙会，热闹非凡。除了深圳本地的信徒，东莞、广州甚至香港的信徒都会蜂拥而至。做生意的人在庙前至沙湾两边搭满商铺，销售各种产品。庙会期间，在赤湾港停留的客船达数百艘之多。

赤湾左炮台则位于蛇口半岛的鹰嘴山顶端，分东、西两侧钳制赤湾港，雄视伶仃洋面。赤湾地理位置重要，从明代起，官府已在附近的南山设置墩台以防海盗。清康熙年间，始于赤湾修建炮台。当时福建提督杨琳调任广东巡抚，他主持修建沿海炮台、城垣、防地等军事设施126处，其中炮台26处，赤湾炮台是其中之一。据记载，赤湾左、右炮台设兵数千名，生铁炮6门，另有12门大炮被称为"佛郎机"炮，是西式武器，其制法是明朝时由广东传入的。从这样的细节可以看出，作为开放之门户，广东很早就与西方文明发生了联系。

俱往矣。赤湾烟墩早已沉寂，崖门海战的厮杀声、战鼓声已经远去，天后宫前蜿蜒的朝拜队伍也已经不再，左炮台的炮口，已经凝固成一个巨大的历史的句号。今天，这里已不再是浊浪排空和雾霭障目的蛮荒之地，而是高楼林立的改革热土，是世界级的粤港澳大湾区的重点地带，未来有着和大海一样辽阔的想象空间。

如此厚重，又如此蓬勃。这就是深圳。

寻访古村落，寻访农耕文明的深圳

一说起深圳，人们眼前浮现出的往往是摩天楼群。但是，拂去时间的灰尘，你会发现，那不是深圳的全部。岁月深处，还有另一个农耕文明的深圳。从历史上看，深圳就是由众多古村落组成的。从大鹏湾、深圳湾到珠江东岸，散布着的逾千个自然村落，构成了时间那一端的传统深圳。只是如今，这些原生态的古村落大部分已被现代化的城市场景所取代。

那么，来，让我们一起去探访那些遗存下来的为数不多的古村落，那里藏着一个你未必熟悉的深圳。古村落所蕴含和承载的文明和人文精神，依旧是我们认识深圳的重要维度，是城市在时间深处延伸的文化根系。

"惶恐滩头说惶恐，零丁洋里叹零丁。人生自古谁无死？留取丹心照汗青。"这是文天祥传之千古的名句。很多人不知道，离伶仃洋不远的凤凰古村，至今传承着文天祥的血脉和文脉。

凤凰古村位于宝安区凤凰山脚下，是深圳保存最完整的古村落，最早兴起于元代，原村民大多是文天祥家族后代。村内包含了大量的明清建筑，还有石刻、木雕、笔画、书法等，一点不被外界的繁华和喧嚣所沾染。村中尚保存有三口元代古井，均为宋末至元代所建，距今已有700年历史。那井口水面倒映的，是700年的岁月烟云。

村口有文昌塔一座，始建于清嘉庆年间，属楼阁式砖木结构，六角六层，为国内罕见的六层古塔。而今，每到开学之际，依然会有很多家长带着孩子来拜祭，期望沾一沾"开文运"的灵气，日后金榜题名——这样一座塔，也是历史上的儒家文化深入五岭民间的一种明证。

凤凰古村文天祥纪念馆

如果深圳有一个古村落会让你联想到鲁迅，那一定是观澜版画村。

观澜版画村位于深圳宝安区，是一个有着数百年历史的客家古村落。它依山傍水而建，排屋形制，水塘、古井、宗祠、碉楼古色古香，一种独特的客家风情扑面而来。

20世纪20年代，从这屋里走出一个青年，手拿画笔和刻刀纵横江湖，成为中国新兴版画界的领军人物。他就是著名版画家、教育家陈烟桥。说到陈烟桥和版画，不能不提鲁迅。鲁迅是中国新兴木刻运动之父，一生共编印木刻版画选集10余本，并培养了一批新版画的拓荒者，陈烟桥便是其中之一。

1934年4月，陈烟桥开始与鲁迅通信，并在鲁迅的指导下创作。其作品《某女工》《天灾》《投宿》等还参加了巴黎革命的中国之新艺术展览会。

如今，因着他的版画基因，他的故乡建立了全国版画创作基地，是至今世界最大的、设备最好的版画工坊。这里也能让人感受到百年古村与现代艺术的完美融合，优美静谧的田园风光，搭配浓郁的文艺气息，灰瓦白墙，青山绿树，给人"版画在村里，村在版画中"之感。

而说到深圳的"九寨沟"，则非坝光村莫属。300多年前，村里的祖先从粤东河源紫金来到这里开基落业，繁衍后代，形成了18个"最美村落"。

坝光给人印象最深的，恐怕就是处处可见的古树了。坝光盐灶村后有一处银叶树群，是世界上仅中国、日本、印度才有的珍稀树种，已经被列为"国家珍稀植物群落保护小区"。那些300年树龄的大树，树围达四五米，根部成板状裸露在外面，有如虬龙，形成一座座惊心动魄的巨大雕塑。通往坳仔村的路上，则有上百棵樟树头尾相接，彼此扶持，整个村子仿佛沉浮在一片樟树叶子的绿荫里。

坝光村的老屋，基本上是清代所筑。如今百余座老宅虽已人去楼空，但保存尚好。老宅后面重峦叠嶂，海岸绵长。一边是落寞的老宅，一边是生机盎然的山与海，时空交错，令人顿生在此清洗内心浮尘的冲动。

如果你要在深圳寻找江南水乡的韵味，一定要去甘坑客家小镇。

甘坑客家小镇坐落在龙岗区布吉街道，曾是客家人聚居地，历史可追溯至明清时期。这里四山环抱、活水长流。与其他客家占村落有所不同的是，甘坑既有客家特色风情，也有点江南水乡的风韵。走在窄而悠长的石板路上，经过依河而建的街衢，让人恍惚以为来到了某一座秀美的江南古镇。

甘坑的这一江南风格，据说还有一个来历。清朝时，村里一富户有女名慧玲，从小聪慧过人，读书过目不忘。富户于是破例让女儿随同儿子一起到苏州亲戚家读书。某年乾隆下江南微服私访，来到苏州，雨中泛舟时被古筝声吸引，弹奏者正是慧玲。后来乾隆派人将慧玲接进宫中，立为妃子。当地人便将村名改为"妃子村"，并将布局装潢融入江南味道，以为纪念。

关于甘坑，你还需要知道的是，2016 年，政府与华侨城集团签订协议，华侨城将投资 500 亿元，把甘坑客家小镇建设成国家级文化产业示范园区、国家 5A 级旅游景区、国家级新兴产业示范区、中国历史文化名镇、全国重点特色小镇。

2017 年 9 月 10 日，第 74 届威尼斯国际电影节闭幕，取材于深圳甘坑客家小镇的 VR 影片《白鹭归来》，成功入围威尼斯国际电影节，并在非主竞赛单元斩获亚太艺术单元未来影像金狮奖，成为国内首部获奖的 VR 影片。

在深圳寻幽访古，当然还不能错过高岭古村。

高岭古村位于南澳七娘山北侧东风岭的岭背山上。400 年前周姓夫妇为避世从福建来此定居，开枝散叶，成一大村落。古村落的房屋明显带有西式风格，清一色的灰瓦、白墙、青砖；石板坚实的三盛桥，把守村道的旧碉楼，深圳最早的自来水系统，古风犹存的客家民居，完好朴实的周氏祠堂，一起构成了 400 年高岭古村的历史标签。

从南澳新大路高岭农庄的路口拐进去，便是高岭古村的进山口。入村登山沿途风景极佳，古木参天，山泉汩汩，"只闻水声不见泉"。进村必经的"三盛桥"仍在，此桥建于民国十五年，桥头"奕世流芳"的石碑上，当年捐资建桥者的名字依稀可辨。当时村里除周姓是大姓之外，还有张和何两姓村民，桥取名三盛，大概是取三姓同盛之意。

曾经，这里也是鸡犬相闻，炊烟袅袅，人声鼎沸。自 1992 年整村搬下山之后，被荒弃至今。村子因久无人居，树木、杂草肆意生长，为每栋房屋披上了一层天然屏障。深圳知名出版人、专栏作家南兆旭曾在村中老墙上偶然发现意为"风月无边"的"虫二"两字，让他感慨于深圳原住民早年生活之情调，风气之开放。

不能错过的，还有深圳古村落里的"双鹤"——鹤薮古村与鹤湖新居。鹤薮古村位于深圳市龙岗区南澳办事处西涌社区，它南临西涌海滩，北靠七娘山。鹤薮村这个名字显得很有文化，村里老年人称，在古代，鹤有位重之意，据传村内曾经有高官在此生活过，所以村庄才能得此雅名。

村内协天宫内，有一块石碑，上面记载刘姓宗室于元朝末年来此，至今已有逾600年的历史。村里有古井两口、古榕树二十多棵，其中一棵"树中树"尤令人惊奇。古村落里，小径蔓延，柴扉轻扣，于古朴中漫溢着文艺与小清新的味道。

鹤湖新居位于龙岗区龙岗街道南联社区罗瑞合居民小组，于清朝乾隆年间兴建，是中国目前规模最大的客家民居建筑群。鹤湖新居融合了广府单元式的建筑风格，由数百间房建成一个大围屋，分布其间的屋宇、厅、堂、房、井、廊院布局错落有致，有"九天十八井，十阁走马廊"之称，令人叹为观止。

如今，经过修缮的鹤湖新居围墙高大坚固，月池整洁明净，古树苍劲雍容。置身其中，仿若来到数百年前的岭南民间，沉醉在真实的岭南大地传来的气息当中。

这些古村落是城市的根部，是源头所在。是它们，让我们看到了一个更丰富、更多色彩与味道的深圳。或者说，你寻访的不是古村落，而是一个城市的前世今生。如今，寻幽访古越来越成为都市人的休闲时尚，那么，需要提醒的是，当深圳人在纷纷通过网络订购古村游古镇游的时候，别忘了深圳也有古村可供怀旧，也有藏在村落褶皱里的人文历史可安顿身心。

草木深圳：一个你可能并不熟悉的"植物特区"

2017 年 7 月 24 日，第 19 届国际植物学大会开幕式在深圳举行，来自 109 个国家和地区的 6953 名植物科学领域的专家学者注册参会。这也是继 2011 年第 26 届世界大学生夏季运动会后，深圳举办的又一全球盛会。

国际植物学大会每 6 年举办一次，是全球植物科学领域规模最大、水平最高的学术会议，已有百余年历史。大会不仅报告近 6 年全球植物科学的主要成就，还将聚焦当前植物科学面临的主要问题，代表全球植物科学工作者发出严重关切和警示，部署未来 6 年全球植物科学的行动计划和纲领。第 19 届国际植物学大会，也是首次出现在发展中国家的全球植物科学领域顶级会议。

这次大会也是世界认识生态深圳的一个窗口。说到深圳，很多人首先想到的可能是科技深圳，高科技发达早已成为深圳鲜明的身份标识；是创新深圳，创意创新为城市的发展提供了澎湃动力；是文化深圳，阅读已日益沉淀为城市的风尚……但很多人没有想到的是，生态深圳、草木深圳已成为描述这个城市越来越重要的关键词。

一年四季花红草绿的城市景象，是很多人喜欢深圳的原因之一。深圳有一半土地划入了生态控制线，成为国内第一个划定并通过政府规章形式明确城市生态控制线的城市。

深圳，不仅仅是一个生产各种智能电子元器件的深圳，也是一个摇曳着数不清名字的野生植物的深圳。深圳生长着 600 岁的古榕树，飞翔着 300 多种候鸟和留鸟，整个中国六分之一的蝴蝶品种、十分之一的蜻蜓品种都可以在这个城市里找到……几年前出版的《深圳生物物种资源编目》显示，深圳拥有野生高等植物 2500 种左右，其中不少属于珍稀物种，堪称一个"植物特区"。

比如，仙湖苏铁为国家一级重点保护野生植物；桫椤、黑桫椤、大叶黑桫椤、小黑桫椤、粗齿桫椤、苏铁蕨、水蕨、金毛狗、珊瑚菜、土沉香、樟等为国家二级重点保护野生植物。值得一提的是，桫椤是一种白垩纪时期遗留下来的比恐龙更古老的树种，前些年在深圳被发现。

在这里，有必要提一下梧桐山。作为国家级风景名胜区，梧桐山是国内少有的邻近市区，以滨海、山地和自然植被为景观主体的城市郊野型自然风景区。

我国的《诗经》中就有关于梧桐的记载："凤凰鸣矣，于彼高冈。梧桐生矣，于彼朝阳。萋萋萋萋，雍雍喈喈。"这诗描述的是梧桐生长茂盛，引得凤凰啼鸣的场景。最早记述梧桐山名的是明朝的《广东通志》卷十三《舆地志一·山川·东莞县》中"又南七十里曰梧桐山（其木多梧桐）"的描述。

梧桐山风景区分布有各类野生植物 240 科，1419 种，其中苔藓植物 42 科 86 种，蕨类植物 30 科 109 种，裸子植物 5 科 9 种，被子植物 163 科 1219 种；有国家一级重点保护的桫椤，二级保护的红皮油茶、大苞白山茶、野茶树，三级保护的穗花杉、白桂木、粘木等珍稀濒危植物。

除了梧桐山，三洲田、马峦山、羊台山、内伶仃岛、塘朗山等都拥有较丰富珍稀濒危物种。这是深圳的另一面，这样一个"野生"深圳，同样是深圳这个现代化城市的魅力所在。

大家都知道深圳是一座公园之城，2020 年公园总数将超 1000 个；某种程度上，深圳也是一座自然保护区之城。比如，深圳拥有被称为"最后的桃花源"的大鹏半岛国家级自然保护区，红树林公园则是国内唯

——一个位于市中心的自然保护区。2019年6月，深圳铁岗—石岩湿地、深圳田头山两大市级自然保护区总体规划方案出炉，意味着深圳的自然保护区再度"扩容"，也再次让人感到，深圳的自然"遗产"原来如此丰富。

这也让人不由得感慨：关于深圳，我们究竟了解多少？这块土地上，到底还有多少不为我们所知的生态秘密？我们生活在这块土地上，我们还将在这块土地上继续生活下去。但是，一株叫不出名字的植物，是不是会让你感觉到，自己对脚下的这块土地其实远不是想象中的那般熟悉？

你可能不知道，植物于475万年前登陆演化后，至今全球约有30万种，其中一半分布在热带地区。然而，随着栖地破坏及环境变迁，不少物种正不断消失，每年消失物种达1000个。如果不采取措施，很快会变成每年消失1万个，现有的很多物种在本世纪内就会灭绝。

那么，在深圳的历史上，会有多少植物界的"失踪者"？

作为我国现存最早的植物志，晋代嵇含编撰的《南方草木状》收录了一些有趣的植物。"蜜香纸，以蜜香树皮叶作之。微褐色，有纹如鱼子，极香而坚韧，水渍之，不溃烂。泰康五年，大秦国献三万幅。"宋人周去非曾在岭南为官，归后著有《岭外代答》一书，记述岭南风土物产。其中卷八为"花木门"，名单中除了今天常见的桂、榕、柚、石榴等植物外，也还有一些奇异物种。比如里面提到一种蛆草："蛆草高一二尺，状如茅，夏月插一枝盘筵中，蚊蝇不近，食物亦不速腐。"又有记一种巨大的蒿草："大蒿，容、梧道中久无霜雪处，蒿草不凋，年深滋长，大者可作屋柱，小亦中肩舆之杠。漕属王仲显沿檄失轿杠，从者斫道旁木代之，行数里辄脆折，怪，视之，蒿也。古有蒿柱之说，岂其类乎？"

按照上述植物物种消失理论，有文字记载的数千年时间里，岭南包括深圳一带一定有不少植物先是濒危，然后渐次从大地上消失。这样的景象让人怅然若失。所谓万物互联，它的另一个解释是，这个星球上所有生命都是联系在一起的，留住它们，也就是留住我们自己。

幸而我们还能读到这样的新闻——2017 年 7 月 18 日，第 19 届国际植物学大会开幕前夕，国家基因库深圳市仙湖植物园活体库揭牌，以保护和保存世界约 30 万种植物、百万种动物、近千万种微生物活体资源为愿景。这是中国版的生物诺亚方舟，这是草木深圳的使命。

真实的深圳，比《美人鱼》里的还要美

　　说起周星驰执导的电影，除了《功夫》，很多人应该还会想起《美人鱼》——这部电影在 2016 年春节大热，首日票房即破 2 亿元，创华语片新纪录。据不完全统计，截至当年 2 月 14 日 12 时，该影片票房成绩已超过人民币 16 亿元，火爆程度可见一斑。

　　而对深圳人来说，更从《美人鱼》里体会到了一种熟悉的风情。有不少深圳人感慨，不看《美人鱼》，不知道深圳有这么美——这部影片在深圳拍摄，从某个角度也可以说是一部深圳风景片。

杨梅坑——《美人鱼》拍摄地

比如，影片主角之一刘轩的豪华办公室拍摄于南山某高档小区，刘轩豪车被堵路段位于深圳湾创业广场附近，刘轩与美人鱼吃鸡的游乐场即是深圳东湖公园，人鱼族的避难所为赤湾某工厂及深圳游泳跳水馆……尤其令观众印象深刻的是，影片中围捕美人鱼的高潮部分，取景于深圳大鹏半岛的杨梅坑。

杨梅坑以溪谷和海滩秀美著称，是婚纱摄影的胜地，汇聚了众多国内知名婚纱摄影拍摄基地。在杨梅坑，你经常会看到一对对的新人，身穿洁白的婚纱和礼服，背对蔚蓝的大海，留下美丽的瞬间。这本身，就是一幅上好的风景画。那湛蓝的海水、苍翠的山谷、挺拔的山崖，更是为影片带来了特技都难以企及的效果。

数年前，好莱坞著名导演卡梅隆推出的科幻电影《阿凡达》有不少镜头取自张家界，进一步提升了张家界的全球知名度。而《美人鱼》的热映也让更多人发现了深圳之美。当然，在这里需要说明的是，《美人鱼》所呈现的深圳自然之美毕竟有限，电影镜头之外，藏着一个保存良好的自然地理的原生态深圳。或者说，深圳本身就是一尾游弋在自然生态领域的"美人鱼"。

比如，《美人鱼》中的杨梅坑由两条大坑汇合而成：一条是正尾坑，源头在大雁顶与三角山之间；另一条是大坑湖，源头是七娘山——说起七娘山，这又是一个驴友熟悉的名字。

七娘山位于大鹏半岛南端，三面环海，主峰海拔867.4米，是深圳的第二高山。山高谷深，溪涧蜿蜒，并有多处瀑布。奇峰、异石、岩洞、山泉、密林，足以让人清洗尘世浮尘，望峰息心。尤其是，云雾涌起时，山峰在无边无际的云海中浮现，景象瞬息万变。最为壮观的莫过于在东南风吹拂下，海面来的水汽爬坡而上，遇冷变身为云雾，翻过山脊后顺势飞泻，形成瀑布云奇观。

七娘山的另一大迷人处，是因它而生的众说纷纭的传说与故事。一说，七娘山，大鹏山也。昔传有七位仙女云游于此，如鹏中踞海，观其美景，不愿重返天庭。玉帝闻知，急召雷神追击。她们却誓死不从，执意留在人间。天帝发怒，遂将其变成了七座山峰，得名七娘山。

七娘山

如果说这样的传说略显俗套，亦觉牵强，代代相传的七娘山藏宝故事，则给人扑朔迷离、真假莫辨之感。当地传说，明末抗清将领、惠州市惠阳区秋长镇埔梓围人李万荣，战败后退守七娘山，将大量用作反清复明的金银财宝藏入山中。后因清兵设计围剿，突围无望，李万荣与200余部下自刎于深山湖中，留下藏宝地点的暗语："军旗旗影之下"，至今无人能解。有一首形容藏宝的诗："层层十三塔，塔塔十三行，谁人估得中？黄金过斗量。"

1646年11月，张献忠命殒西充凤凰山后，大西政权宣告结束，由他聚敛的金银财宝成为无主之物，不知去向。当地一直有"张献忠江口沉银"的传说，还有民谣曰："石牛对石鼓，银子万万五。有人识得破，买尽成都府。"据说，与歌谣配对的，还有一张"藏宝图"，图上标有张献忠金银宝藏的具体位置，以石牛和石鼓作为暗记。2017 年初，四川省人民政府新闻办公室新闻通气会证实，彭山江口沉银水下考古取得了重大进展，出水文物超过 4 万件，实证确认了传说的真实性。

那么，七娘山的藏宝故事，某一天会因为某种机缘巧合而得到证实吗？这实在令人浮想联翩，心神荡漾不已。

既然来到了大鹏半岛，不能不顺道去一下有"深圳鼓浪屿"之称的较场尾。那里有蓝天、白云、沙滩以及充满小资情调、风格迥异的各类客栈，在每个不经意的角落都能发现不一样的风景。

较场尾海滩

其实，较场尾不仅仅有海滨风情、特色民宿，也有着较为丰富的历史遗存。它原名校场尾，古代是练兵之所——比较起来，校场尾这个地名更有历史承载感，蓝天白云沙滩与猎旗飘飘的校场练兵的历史场景混搭在一起，使旅游体验更多了一种时空纵深感。更何况，较场尾与大鹏所城及有 600 年历史的东山寺相距均不远，你尽可以在体会浓郁的艺术情调与创意氛围的同时，领略一把历史的幽深。

如果你觉得这种休闲方式难以燃烧足够的能量，想挑战一下自己，还有一款长途徒步适合你——深圳从 2017 年开始建设梅林山—大鹏半岛 200 公里远足径，打造我国内地首条远足径。

深圳近 2000 平方公里的土地上，目前已经建成总长度约 2400 公里的绿道。近年来，深圳的"百公里"徒步活动十分火爆，从线路上看，基本上以绿道与栈道为主。但是，这样的绿道并不能完全代替远足径。相对而言，远足径更原生态，更具野趣，更能满足人们亲近大自然的个性化体验。很多深圳人已觉得周末在深圳爬爬山不过瘾，自发组织去香港的远足径徒步，足见远足径的魅力。

我们可以顺便来看看香港的远足径。香港拥有购物天堂的美称，也拥有保存良好的自然野趣，其四大远足径麦理浩径、卫奕信径、凤凰径、港岛径最为徒步爱好者津津乐道。港岛径是最短的一条，但其中的龙脊远足径曾被《时代周刊》（亚洲版）选为亚洲最佳市区远足径。麦理浩径被称为最美远足径，全长 100 公里，共分为十段，横跨香港 24 个郊野公园中的 8 个，全程要翻越 20 多座山头，沿途景致美不胜收。

深圳是一座山海之城，从梅林山到大鹏一带山峦起伏，拥有得天独厚的自然资源禀赋。在这 200 公里的远足径上，你一定会发现一个不一样的深圳，只属于你的独一无二的深圳。

第四辑

深圳，深圳

Shen zhen
Shen zhen

有没有人告诉你，深圳是流行音乐重镇

"有没有人曾告诉你 / 我很爱你 / 有没有人曾在你日记里哭泣 / 有没有人曾告诉你 / 我很在意 / 在意这座城市的距离……"《有没有人告诉你》，这是一首曾火遍大江南北的城市民谣，创作及演唱者陈楚生也因此一举成名。

但人们也许不知道的是，这首流行歌曲的诞生背景，与深圳有关。

2000 年春节过后，少年陈楚生从海南来闯深圳。工作并不好找，一开始，他只得在一位老乡开的快餐厅落脚，没有工钱，包吃住。在餐厅上班那段时间，陈楚生什么活都干，无论是切肉、送餐还是收账。唯一的快乐是，晚上下班后，同餐厅的伙计们会围着陈楚生，让他给大伙弹琴唱歌。

两个多月后，有一天，陈楚生看到一则琴行吉他班招生的广告。回到餐厅，楚生鼓起勇气跟餐厅老板说："阿叔，你帮我报个名吧，300块。"老板帮楚生报了名。面试时，他的琴弹得让吉他老师大吃一惊，继而找到餐厅老板，把 300 元还给他，还想把楚生挖过去。老板打电话询问陈楚生爸爸意见，楚生爸爸说："可以，给谁都行！"就这样，陈楚生开启了在深圳的音乐之路，没多久便开始商业演出。

这里面还有一个插曲。刚从餐厅出来的楚生，曾打电话给爸爸，请他汇钱给他买吉他。妈妈去银行给他寄钱，写错账号的一个数字。为此，楚生一天里慌慌张张地往银行跑了很多次。银行的一位女工作人员就问他："你怎么了，为什么这么急着拿钱啊？""我没钱就没法买吉他，没吉他就没饭吃。"后来，那位女工作人员自己掏钱借给他去买了吉他。

除了陈楚生，从济南南下的唐磊，也是在深圳通过电台和互联网推出爆红的校园民谣《丁香花》。内蒙古歌手阙立文在《中国好声音》一战成名前，在深圳有过二十多年的民谣演唱经历。中国南方第一支做民谣原创的乐队，便诞生于深圳。

此外，旭日阳刚演唱的歌曲《回家》的词曲作者、西单女孩演唱的歌曲《有一种爱总在身边》的曲作者均为深圳人。一种广为流传的说法是，中国流行音乐"生于深圳，长于广州，成于北京"。陈楚生们的故事，为这样的说法提供了注脚。

在这里，有必要提及曾经作为文化地标存在的"大家乐"。

对深圳来说，"大家乐"是一个时代的象征。1986 年 6 月，位于红岭路的深圳青少年活动中心，建成了一个露天的半水泥半沙土的简陋舞台。据时任深圳市青少年活动中心主任云蔚成回忆，当年"大家乐"算是"误打误撞"地摸索到"自荐表演"这种模式的。舞台建成后，第一场演出原计划定在 7 月 8 日，由各基层团委组织演出队伍来表演。可是到了当天晚上，表演队伍却因故没能到达。

为了救场，云蔚成灵机一动，让主持人写了"自荐表演报名处"标语贴出去，当场接受报名、登台表演。云蔚成还带头第一个上去唱了一曲，结果许多年轻人争相报名，踊跃登台一展歌喉，演出效果出奇地好。

第一晚自荐表演的成功，极大地鼓舞了深圳市青少年活动中心的工作人员。他们总结出经验，将这个舞台定位为"自愿、自荐、自费、自演、自娱、自乐"的公众文化娱乐广场。没有权威，不讲套话，各路达人都可以尽情表演，对很多人来说，这是一种前所未有的体验，也使之受到了前所未有的欢迎。也因此，这种演出形式被形象地称为"大家乐"，并流传开来。

　　可以说，后来风靡全国的超女、快男的海选方式，如果要寻根问祖的话，应该前来拜谒深圳的"大家乐"舞台。

　　大家乐火了，开始是一星期一次，但要求表演的人太多了，又改为一个星期三次，还是不行，又改为一个星期七次，到最后七次都不够，只好在周末增加了白天场！为了限制上台人数，也由最开始不收钱到唱一首歌五毛钱，到后来慢慢的一块钱，再到五块钱……每到演出日夜色降临，露天舞台就被从四面八方赶来的人围得水泄不通，连舞台后面的小山坡上也站满了人，还有人没有位置，挤不进来看演出，干脆爬到树上去看。

　　这样的盛况，这种空气中飘荡的青春荷尔蒙气息，很容易将人拉回到那个属于深圳的激情四溢的时代。那种奔放，那种无拘无束，那种草根，正是早期深圳文化的鲜明特征。而这，也恰是流行音乐的特征之一。深圳，是一座天生具有流行音乐气质的城市。

　　事实上，深圳很多知名音乐人在成名前，都登过"大家乐"舞台，如陈明、戴军、刘冲等。作为中国著名摇滚歌手，刘冲曾经动情地说过，没有"大家乐"，就没有深南大道乐队——该乐队是中国新生代最具实力的创作型乐队，也是首支签约香港的内地流行摇滚乐队。

　　2008年，深圳被授予"改革开放三十周年中国流行音乐先锋城市"勋章。作为中国流行音乐的"桥头堡"，深圳原创音乐在中国音乐产业版图上占据越来越重要的位置。《春天的故事》《走进新时代》显示了深圳流行音乐的高度；周笔畅、凤凰传奇等新生代音乐人的崛起，意味着深圳音乐新势力在集结；合纵文化集团、A8音乐集团等一批创新型音乐企业在深圳集聚，更让人感受到了深圳在音乐领域蕴藏的巨大潜力。

　　作为我国最大的移民城市，深圳早已成为许多人的第二故乡；作为一个以青春活力奔放著称的城市，深圳人应该不缺青春表达的文化冲动；广东是我国内地流行音乐的发源地，而与深圳一河之隔的香港是在国际上知名的流行音乐重镇……所有这些，都注定了深圳富含培育流行音乐、现代城市民谣的土壤。尤其是从 2017 年起，"一带一路"国际音乐节每年在深圳举办一届，将使深圳打造东方音乐之都的愿景轮廓更加清晰。

双年展：城市本身就是一个巨大的展场

2005 年的一天。作为首届深港城市／建筑双城双年展策划者之一，建筑师杜鹃因为误了飞机，不得不推迟离深时间。她住在主展场华侨城创意园附近，晚上出门转，误入白石洲。那里凌晨两点夜排档的拥挤热闹，与高档奢华的华侨城完全是两个世界。

这样的反差让她感到一种巨大的震撼。现代化的迷人气质是深圳，那种热气腾腾的市井烟火气也是深圳。有一本畅销书叫《落脚城市：最后的人类大迁移与我们的未来》，该书作者道格·桑德斯基于对全球数十个国家和地区的调查，包括对深圳等中国城市的观察，提出了"落脚城市"的概念：在城市新进人口的暂时落脚点和过渡之处，往往会形成独特的城市空间。

与华侨城高档社区比邻而居的白石洲片区，总面积 7.4 平方公里，包括 6 个社区，居住总人口 12 万余人。事实上，白石洲前前后后"容纳"过的深圳人远不止此，由于它地段特殊，交通四通八达，许多人都将它当成自己来到深圳后的第一个落脚点。可以说，白石洲就是这样一个"独特的城市空间"。

于是，人们看到，首届深港城市／建筑双城双年展以"城市开门"为主题，增加了有关城中村的板块设置。城市开门，打开城市的另一扇门，人们将看到另一种语境下的深圳。本届双年展也被列为当年度"中国建筑设计 10 件大事"之一。

深港城市／建筑双城双年展是目前全球唯一以城市或城市化作为固定主

题的两年一度的展览，它从一开始就突破了只展示建筑艺术的局限。也就是说，并不是在常规的空间里展览，而是借助展览场地、展览内容，去和城市发生互动，主动介入城市发展，进行一场颇具探索精神的城市实践。

从 2005 年开始，双年展每届一个主题，回顾历届双年展的主题可以发现，这些年来它在不断探视发见我们这座城市的性格与气质。某种程度上，它就是城市的一种成长方式。从最初的"城市开门"，到"城市再生""城市动员""城市创造""城市边缘"，再到"城市原点""城市共生"，以及于 2019 年 12 月举行的第八届双年展主题"城市交互"等，众多城市发展问题在双年展的镜头下得到呈现，乃至因而得到改善。

比如，无论是首届选址华侨城 LOFT，还是第五届、第六届落脚蛇口旧厂房，均让人领略到了创意设计点石成金的魔力。以旧厂房为例，已经停产多年的玻璃厂非常破败与荒凉。然而经过艺术改造，经过对那独有的沧桑味道的挖掘，它被赋予了工业遗产的价值。第六届双年展以工业建筑原大成面粉厂及 8 号仓库所在区域作为主展馆，也充分体现了回归城市原点、活化现有资源的主题理念。据悉，这片旧厂房已转型升级为一个新的文化创意基地。

再说回白石洲，作为深圳最有名的城中村之一，双年展通过戏剧《物恋白石洲》和观众探讨"城市空间的价值怎样被创造与毁灭"；较场尾村是大鹏半岛毗邻海岸线且未被开发的原生态村落，如何对它进行综合整治，也曾在双年展蛇口"价值工厂"被研讨会商。

第七届双年展将主展场设在了南头古城。从地理位置来看，南头古城在东晋时代就有中央皇权派驻的行政机构，如宝安县治、东官郡治等。而它正式诞生是在公元 1394 年：明洪武二十七年，为了加强海事防御，中央政府设东莞守御所，并在南头动工修筑城池，其范围与如今的南头古城基本相同。明万历元年即 1573 年，立新安县，取革故鼎新，去危为安之意。

从此，南头古城便成为广东在明、清时期的新安县治所在地，城市建设由早期的防御工事开始变得更加丰富，随着城隍庙、仓廪和县衙在城内的完善，更多属于民间的生活空间蔓延到高大的城墙之外，在南门以外的地方，陆续出现了祠庙、学宫、演武场、社稷坛等教育、祭祀和宗教设施，南头古城成为一座有着成熟脉络和丰富景观的正统城域。

而今，古城内既有历史建筑，也有近现代民居以及高密度的城中村，各类建筑的历史肌理颇为丰富。在这里举办双年展，恰恰吻合了如何实现古建筑、城中村与城市三者共生的这样一种城市发展主题。

正如第七届双年展策展人之一孟岩所说，如果只谈历史古城的价值，南头古城也许不如大鹏所城，跟其他的中国历史古城更没有可比性，因为它的老建筑非常有限。但它的重要价值在于，以全光谱的方式呈现了中国几百年来从明代到现在的整个历史。它完整地保留了几乎是全部的、深圳在城市化过程中所遗留下来的空间类型、建筑及建筑材料等，这里是一处非常完整的空间样本。

虽然，如同中国大部分曾经繁盛的历史古城一样，南头古城如今已显得衰落与寂寞。而双年展介入后，对古城内原来的某些建筑进行了修缮、补建，同时对于部分公共空间进行了改造——南头古城在城市发展中变成了村，然后再以城的形态进入公众的视野，有望由此复活新的生机。

更重要的是，双年展在成为创意"孵化器"，让创意种子落地发芽的同时，也在不知不觉间进入、改变了市民的日常生活，潜移默化地提升了城市的文化品格。双年展与其说是一个展览，不如说是一个城市的节日，第七届双年展进一步打破了公众与专业的隔膜，吸引了众多市民观展。通过面向普通市民的互动活动，人们进一步触摸到了建筑、艺术、创意的前沿，感受到了当代建筑艺术和城市文化潮流的强劲脉动。

对深圳来说，双年展已成为一个越来越重要的城市文化符号，以及一个生产文化、创意的"城市实验管道"。更重要的是，它正在日益改变、渗透这个城市，进而改变、渗透我们的生活。或者说，城市本身就是一个巨大的展场，被双年展激活的创意，将使人们更好地学会给自己也给城市"策展"。

文博会告诉世界一个真实的人文中国

熙熙攘攘的会场，一套来自道光年间、规格不一的四盒木活字字模吸引了众人的目光。一个叫吴汉涌的湖湘汉子，正在表演一门叫反字直刻的祖传绝活，即制作字模时，不提前在字坯上打墨稿，而是直接按刀法雕刻。一把小锉刀、几粒小字模，就让他完全沉浸在自己的小小的、从容的世界里。

这是出现在第十五届中国（深圳）国际文化产业博览交易会上的一个场景。作为湖南浏阳"益兴堂"木活字印刷坊第五代传承人，也是目前唯一能熟练掌握反字直刻技艺的传承人，他让中国古代四大发明之一的活字印刷从典籍中走出，与人们的现实生活对接。

让古老的中华文化"活"起来并走出去，正是文博会的价值与使命之一。作为我国唯一一个国家级、国际化、综合性的文化产业博览交易平台，作为我国文化产业发展的检阅台、风向标，文博会已成为当之无愧的"中国文化产业第一展"。从诞生那一刻起，它就大力推动中华文化走出去，着力提升中国文化软实力和中华文化影响力，成为中国文化软实力和中华文化影响力的"放大器"。

十多年前，深圳在全国率先确立"文化立市"的发展战略，并提出了举办文博会的设想。深圳是全国文化体制改革试点城市，是面向世界、有利于中华文化圈对外辐射的改革开放之城，是有强大包容和吸纳能力的移民之城……这些，都可以成为文博会诞生在深圳的理由。2004年11月18日，首届深圳文博会正式拉开大幕。

　　首届文博会举办前一个月，在规格上实现了"三级跳"：从最初的原文化部文化产业司、原广东省文化厅、原广东省广电厅、原广东省新闻出版局和深圳市政府联合主办，到原文化部与广东省政府、深圳市政府三方主办，到开幕前再次调整为由原文化部、原国家广电总局、原国家新闻出版总署、广东省政府共同主办，深圳市政府承办。这样的开端，意味着深圳文博会一出世就注定卓尔不凡。

　　事实上，据深圳国际文化产业博览交易会有限公司董事总经理叶建强回忆："刚开始办文博会时，可谓是'摸着石头过河'。"当时国内大型展会大都由政府一手操办，但深圳的血管里涌动着先天性的市场经济血液，文博会一开始就是政府主导，办展交给市场。许多人对"政府办会、企业办展"这一模式，是持怀疑、观望态度的。

深圳文博会（2017年）

　　但一届又一届拾级而上的文博会，证明了这种担忧是多余的。首届文博会一炮打响，入选了2004年"全国十大文化事件"；各类观众达

47.7 万人次，累计合同成交额 31.36 亿元，意向成交额 325.5 亿元，实现了开门红。

截至 2019 年底，历届文博会成交总额累计超过 1.7 万亿元，出口成交额累计超过 1000 亿元，参与总人数近 1 亿人次。2019 年第十五届文博会共吸引来自全球 50 个国家和地区的 132 家海外机构参展，分别比上届增加了 8 个和 2 个；参观、参展、采购的国家和地区达 103 个，进一步提升了文博会的国际影响力。

这样的数据背后，是中华文化走出去的动人足音。

发达国家的经验告诉我们，文化产品与服务对外输出的空间十分广阔。资料显示，日本动漫产品出口额一度超过其钢铁行业，美国则连续多年占据全球电影票房首位，以其卓越的全球营销能力不断刷新海外电影票房纪录。

在文博会之前，我国文化产品更多的是以观赏性的艺术品呈现在各个展会上和观众面前，是文博会让文化产品从展会的玻璃柜台后面进入了交易领域。"引进来"之外，文博会更是成为中国文化产品"走出去"的重要参与者、见证者，一大批具有民族特色的电影、动漫、网络游戏等产品和服务进入国际市场。

这样一种"走出去"，也有一个递进的过程。刚起步的文博会，主要进行以一般文化产品为主的"器物文化"输出，比如大芬村的油画产品年出口创汇达几千万美元，"大芬现象"成为一个引人瞩目的文化话题。作为深圳第二批市非物质文化遗产保护传承单位，连续 7 届参展文博会的"香云莎"，如今在澳大利亚、美国等国家和地区均有代理商。

从第二届开始，文博会自觉重视"内容文化"的走出去，比如，第二届文博会上，《大闹天宫》中的卡通形象"悟空"，即借助文博会的"筋斗云"，从纸上"变身"为各种衍生产品，登陆欧美、日本等国际市场，成为动漫行业的耀眼新星。

再比如，华强文化科技集团的原创动画片目前输出到海外 100 多个国家和地区，其主题公园出口到乌克兰、南非等国家和地区，先后向美国、加拿大等 40 多个国家输出 70 多套环幕 4D 立体影院系统。环球数码的动画片也出口到了法国、意大利、澳大利亚等多个国家，出口创汇额十分可观。

与此同时，文博会还开始注重"观念文化"的输出，努力讲好中国故事，传播好中国声音。深圳创作的大型合唱交响乐《人文颂》在第九届文博会开幕时首次奏响，又到联合国教科文组织总部巴黎演出，让世界了解中华民族的人生理念和生命态度，就是以交响乐创意诠释儒家文化核心价值，推动中华文化价值观念"走出去"的典型例证。

2013 年 9 月 21 日《人文颂》在联合国教科文组织总部巴黎演出

文化"走出去"不只具有贸易、经济指标等层面的意义，这么些年来，走出国门的文化产品和服务，正在一点一滴地改变、提升着当代中国的文化形象。文化是重要的软实力，文化产品也是一种特殊的商品，蕴含着巨大的无可替代的文化附加值。中国文化产品"走出去"，换回来的不只是订单、利润，更有世界对一个古老大国的文化创意的叹服与尊重。

文化"走出去"的背后，则是创意的"浮上来"。

创意是文博会的重要主题词。如果我们把 2004 年深圳举办首届文博会视为我国创意产业会展元年，那么现在可以说，我国创意产业的发展已经从初创期进入了全面启动期。这不仅仅是一个中国经济崛起的时代，也是一个中国文化与创意崛起的时代。转变经济发展方式，优化产业结构调整，尤其离不开创意这样一个推进器。

什么叫文化软实力？海外影响力无疑是其中一个重要的检验标准。当我们谈论法国时，呈现在眼前的除了高耸的铁塔、浪漫的男女之外，更有卢梭、伏尔泰、萨特等历史巨人的伟大创作；当我们说起美国时，许多人对这个国家的认识是从它的电影开始的——通过好莱坞这样一个超级"梦工厂"，一部部贴上美国标签的电影源源不断地流向世界，不仅为美国挣回巨额的票房收入，还影响了全球几十亿人的生活方式和价值判断。反观我国，尽管已实现了多年的国际贸易顺差，但具体到出版物、影视节目、游戏娱乐产品等方面，至今仍存在巨大的贸易逆差。当然，这些落差反过来也说明，还有诸多市场空白等待文化产品去填补。

而这一切，离不开创意的支撑。文博会就是一个让创意起飞的跑道，这个跑道越长，创意的视野就越辽阔。如今，深圳的创意产业已颇具规模，积蓄了一定的原创力量，科技与创意的深度结合更是创下了诸多成功的经典案例。更重要的是，深圳已跻身国际化"设计之都"俱乐部，根据创意城市网络章程，加入网络等于加入了国际文化产品营销网，进入了全球文化产品供应链。深圳的创意产业在国际舞台上由此获得了更广阔的发展空间和市场。

展望未来，如何吸引更多企业、资本和人才进入文化产业的海阔天空，创造更多风靡全球的文化品牌？我们的传统文化源远流长，精品灿若星河，如何对其进行再发现、再打磨、再创造？进而言之，无论是传统的棋琴书画，还是新潮的动漫、网游、设计，如何使之承载更多的文化自觉？所有这些，都有赖于通过创意、通过文博会加速文化产品从思想到产品、从产品到商品的流转，加速文化、文化产业、产品、品牌等"文化故事"的传播。

我们不仅要出口电子产品，也要出口故事和思想，让我们的文化产品有足够的信心用自己的文化表情及"语法"和世界对话。

就像音乐之于维也纳，电影之于好莱坞，文博会也日益成为深圳的人文标识。通过文博会这个文化频道，世界将看到一个创意无限、活力无限、让古老文化重返青春的深圳，一个厚重与灵动兼具，更为生气蓬勃、韵味深长的人文中国。

《人文颂》："仁义礼智信"面对世界的现代表达

　　"仁慈之心，如同大地，包容人类成兄弟"，"正义之举，如同火焰，焚烧邪恶放光辉"。2014 年 9 月 22 日晚，由深圳打造的大型儒家文化合唱交响乐《人文颂》首次登上纽约联合国总部，在"联合国之夜——音乐会晚宴暨第六十九届联合国大会欢迎晚宴"上向全世界传递"人文之声"。

　　联合国副秘书长南威哲在致辞中说，《人文颂》所阐释的仁、义、礼、智、信既是中国儒家文化的思想精髓，也代表联合国追求的最高价值，更是全人类的共同追求。他对中国深圳、费城交响乐团携手带来这部合唱交响曲表示感谢。

　　国际著名钢琴家、联合国和平大使郎朗主持音乐会。近 400 位从世界各地前来参加第六十九届联合国大会的重要嘉宾，包括众多国家元首等共聚一堂，体验东西方文化的交融。这也是继 2013 年 9 月 21 日国际和平日奏响巴黎联合国教科文总部后，《人文颂》再次登上世界级人文殿堂。

　　这是年轻的深圳，也是古老的"仁义礼智信"面对世界的一次现代表达。

　　这部具有恢宏之气、浩荡之势的合唱交响作品，从 2006 年策划开始，历经多次研讨、创作、增删、润色，数易其稿。它紧扣儒家文化的核心要义，分为"仁、义、礼、智、信"五个乐章，缀以序曲、尾声，匠心独运地以交响性音乐语汇与表现手法，对儒家文化进行了富有时代性和开拓性的诠释，着力展示中华文化"以人为本"的核心理念，让世界更好地了解中华民族的人生理念和生命态度。

据介绍，《人文颂》最初的创意来自深圳交响乐团组织创作的一部佛教音乐作品《神州和乐》。这部作品在韩国演出引起轰动，人们用"犹如云蒸霞蔚、格外壮美"来形容这场演出。有感于此，时任深圳市委常委、宣传部部长王京生萌发了用交响乐的形式阐述中国传统文化的想法，于是开始构思和组织文学创作。

在早期《人文颂》的文学脚本创作中，多个创作团队创作了几个版本。它的文学脚本由韩望喜博士根据王京生的总体设计执笔创作，中国伦理学会夏伟东副会长、著名作曲家徐沛东、中国音乐学院修海林教授、中山大学李宗桂教授等也参与其中。

它的音乐创作由中国音乐学院作曲系主任、教授、博士生导师王宁完成。为了这部时长仅一小时的作品，王宁六上孔子故居采风。在孔子出生地尼山，王宁从当地老乡那里听到了很多关于孔子的传说。他跟着老乡去到一片红色的草地。据说，孔子母亲临产，走至此处已经见红，草由此被染红。而就在此处生长着一种荆棘，它的刺只往下生长。老乡说，这是因为孔子被抛弃在此，为了不刺到孔子，荆棘就自然生成了这样。此外，还见到了传说中孔子被老虎叼走并哺育的洞穴，那口可以自己倒水伺候孔子母亲的井……这些颇接地气的故事，都让王宁颇受启发。

为了让音乐更具国际性，创作团队还邀请著名指挥家卞祖善、陈澄雄、新加坡华乐团音乐总监叶聪、香港中乐团音乐总监阎惠昌、美国辛辛那提音乐学院作曲系主任乔尔·霍夫曼、美国作曲家詹姆斯·史蒂芬森、美国指挥家保尔·波利夫尼克等国际著名音乐人参与创作，博采众长，反复打磨。

我们生活的这个国度，是产生过孔子，产生过诗经以及唐诗宋词的国度，是儒家文化深刻影响一个人灵魂成长的国度。然而，20世纪以来，传统文化的价值一次次被曲解、漠视甚至被遗忘。比如，"仁义礼智信"一直是中国传统文化的核心理念，但曾几何时，它一度成为腐朽与落后的一种文化标签。

"认识你自己"，《人文颂》让我们蓦然发觉，原来在这个科技发达的时代，我们还是需要从古老的文化源头那里汲取生存的智慧，还是需要严肃地反思、打量我们与自己的文化、自己的传统的关系。文化身份的苏醒与认同，对我们来说就像空气和水一样重要。

深圳较早就明白，一个城市也好，一个国家也好，核心竞争力不是取决于GDP，而是取决于文化，文化是最柔软也是最有力的力量。弘扬中华传统文化的核心理念与价值，推动中华文化走向世界，既是《人文颂》的出发点与落脚点，也是转型时期摆在深圳面前的一道重要的文化命题，是深圳在全球化语境下的一种文化使命与担当。

巴黎市民阅读《人文颂》宣传册

事实上，文化说到底不过是人性的再现。在西方，正是当年的文艺复兴肯定了个体的价值与尊严。对我们来说，也需要确立、发现并承认个体的价值与尊严。这种对"人"的尊重，也恰是深圳的最大魅力之一。深圳正是因为拆除了诸多建立在户籍、地域等之上的身份樊篱，让平等、公正、权利、尊严等现代理念更多地进入文化母体，才让更多人的创造力得到迸发。

当然，《人文颂》不是文化的复古，它本身就是一种文化创新，它用音乐来解读中国传统价值观，将传统文化与现代的音乐形式结合起来，是一种开风气之先的尝试。更重要的是，整个篇章中贯穿着对"人"的礼赞，肯定人的尊严，彰显人的价值，洋溢着生命本身的气象与气度，充满圆润饱满的人文内涵。这种开放、大气、包容的文化态度，为传统文化注入了现代性的活力。

这种传统文化的现代表达，进一步提升了中华文化的能见度，让真正的中华文化被世界更多地"看见"。无论在法国巴黎联合国教科文组织总部，还是在美国纽约联合国总部，不少现场观众正是通过《人文颂》听懂了"中国人"，领悟到"真正的中国人和中国文化是什么样"。

"有一种学说源远流长，五千年文明是它宽阔的河床。一个圣人行走在华夏大地，他告诉人类做人的主张……"郁郁乎文哉！

大型儒家文化交响乐《人文颂》诞生在深圳，寓意古典与现代相结合，深圳的这种文化自觉，以及对于文化吐故纳新的胸襟与姿态，让人看到了这座城市奔腾不息的文化活力。

阅读是一个人也是一个城市通向未来的"护照"

在深圳，每一个爱书人，大约都会记得 2018 年 7 月举行的第 28 届全国图书交易博览会的盛况——这座城市不只有各种各样声光电气的高科技展会，也有以书的名义、文字的名义与阅读的名义组建的文化狂欢平台。

作为我国书业三大国家级博览会之一，书博会已由当年的"全国书市"发展成为集出版展销、信息交流、行业研讨和推动全民阅读等为一体的大型文化盛会。第 28 届书博会总展览面积超 10 万平方米，是迄今为止全国书博会规模最大的一届；吸引 45 万余市民读者参与，现场交易额 8112 万元，人气爆棚程度超乎想象。

这个时候，我们将目光投向并不遥远的 1996 年。那一年，第七届全国书市在深圳书城罗湖城开幕。排队购书的队伍，蜿蜒到了好几里之外。当时的媒体报道称："这种场面只有 1992 年抢购股票认购抽签表时出现过。"甚至有记者在报道中如此抒情："走在深南路上，心里满是欣悦。回眸身后的书城，只见玻璃墙在南国的艳阳下流光溢彩……"

为控制进出书城的人流量，主办方每天限制 10 万人，须凭参展证和门票出入，定价 5 元的门票被炒到 80 元、120 元。人们像购买大件商品一样推着小推车买书，最终催生出了这样一组数字——图书订货成交 3.2 亿元，比上届净增一个亿；国内版图书零售额 2117 万元，居历届书市之首。

正是因为这一次因市民高涨的读书热情而引发的购书狂潮，改变了许多人对深圳的认识，也成为日后深圳举办读书月的一个灵感来源。

2000 年 11 月 1 日，首届深圳读书月在深圳书城罗湖城广场正式启动。

关于阅读庆典，这个星球上有世界读书日，有散布在各地的阅读周，但是，深圳却慷慨地将一个月的时间交给了它。深圳通过这样一种方式确认，阅读是一个润物无声式的浸润过程，它是一种与生命如影相随的长跑而不是短跑。

读书月极大地推动了深圳全民阅读。目前，深圳拥有各类民间读书会 100 多个，经常开展活动的读书组织超过一半。深圳读书会、三叶草故事家族、后院读书会、99 人书库、彩虹花公益小书房，都是为深圳人所熟悉的民间阅读机构。这些阅读组织聚焦的话题，有"高大上"的哲学思辨，也有"接地气"的亲子阅读，以及都市人群的各种知识类、休闲类交流。2012 年 11 月，深圳市阅读联合会正式成立，吸收了多个阅读组织，是国内首个跨行业全民阅读的民间组织，集结阅读组织的力量，守望这座城市的文化生活。

对深圳读书月乃至对整个深圳来说，一个具有里程碑式意义的重大文化事件是，2013 年 10 月 21 日，联合国教科文组织总干事伊琳娜·博科娃女士在北京出席创意城市北京峰会和首届国际学习型城市大会时，亲手将"全球全民阅读典范城市"证书颁发给时任深圳市市长许勤。

"全球""全民阅读""典范"，这几个关键词，勾勒出了深圳的全民阅读在国际坐标中举足轻重的地位。这是联合国教科文组织授予全球城市中关于全民阅读的最高奖项，而且是首次颁发。深圳对文化与阅读的"高贵的坚持"，终于赢来了国际性的褒奖。

当时，《中国新闻出版报》在头版《打开特区又一扇窗》的评论中写道，深圳获得"全球全民阅读典范城市"荣誉称号，不仅是深圳的光荣，也是国家的骄傲。而深圳用自己的行动对全民阅读这一国家战略进行了形象而生动的表达，为全国树起了标杆，为世界了解中国打开了又一扇窗口。

深圳这种"高贵的坚持"，源于对阅读价值、文化价值的固执坚守与认知。任何城市都有其生命周期，即经历兴起、发展、繁荣、衰退或再度繁荣的过程。而这样的周期往往由其文化属性所规定。比如，从历史上看，先秦时期的文化与南宋时期的文化代表了我国历史文化两种不同类型的文化形态，前者是率性、健康、自由而有力的，张扬了生命的饱满；后者精致却过于讲究享乐，显出了一种近乎病态的柔弱。可见，文化繁荣并不一定意味着文化生命力的旺盛。

而今，随着技术升级而带来的文化传播的加快，呈现出了一种令人目不暇接的文化繁荣局面。但与此同时，当文化的商品属性得到了最大限度的挖掘，当娱乐至上的消费文化席卷一切，越来越多的人"活在当下"，对经典、对生命的终极意义失去了探寻的耐心与冲动，必定对人的内心构成挤压。也就是说，过于强调文化的商品性、消费性、世俗性的商业文化将会侵蚀文化中的高贵部分，使得一个城市乃至一个国家和民族的文化精神结构被迅速世俗化。

正是基于这样的背景，深圳较早地建立起了抵抗世俗与粗鄙，重建城市的精神文化传统的自觉。深圳不仅推崇阅读，更推崇有品质的阅读。也就是说，这种阅读更多的不是工具阅读，不是与考证、考级相关的阅读，而是人文阅读，是一种与内心对话，追求精神高贵与丰润的阅读。

试举一例。在深圳，2016 年，文学类图书借阅量排首位；2017 年，《解忧杂货店》《平凡的世界》进入热搜前三，《人类简史》《未来简史》首次闯入前十；《百年孤独》《红楼梦》等名家经典则一直是读者关注的热点。

文化夯实城市竞争力。2018 年 10 月，中国社会科学院与联合国人居署联合发布了《全球城市竞争力报告 2018—2019：全球产业链：塑造群网化城市星球》，该报告显示全球城市竞争力前十强为：纽约、洛杉矶、新加坡、伦敦、深圳、圣何塞、慕尼黑、旧金山、东京和休斯敦。深圳位居第五。

城市竞争力是城市参与全球化竞争与发展的重要指标。2008 年深圳居全球城市竞争力排行第 20 位，2015 年上升至第 6 位，2018 年再上升一位进入前五强。根据国家 2019 年发布的《粤港澳大湾区发展规划纲要》，深圳作为四大中心城市之一，担当区域发展核心引擎，将"加快建成现代化国际化城市，努力成为具有世界影响力的创新创意之都"。

显然，创新是城市竞争力的核心要素，是可持续发展的关键。但是，城市强大的创新能力、创意能力、创造能力，都与阅读密切相关。对深圳来说，"全球全民阅读典范城市"与"设计之都""创意之都"等之间，有着一种隐秘而坚定的关联。

但另一个值得关注的数据是，严谨的国际阅读率比较研究显示，全世界每年阅读书籍数量排名第一的是犹太人，平均每人一年读书 64 本。以色列有图书馆 1000 所，平均 4500 人就有一个图书馆，仅 450 万人口的以色列就有 100 万人办有借书证。

2018 年，深圳市生产总值突破 24000 亿元，经济总量居亚洲城市前五，与以色列不相上下。而深圳市阅读蓝皮书（2018 ）和 2018 年深圳"图书馆之城"阅读报告显示，2017 年深圳成年居民人均图书阅读量为 19.31 本，图书馆年度借阅量最多的读者共借 1618 册书刊。这样的数据已然可观，但与世界一流城市相比，尤其是与以色列这个热爱阅读的国家相比，还存在不小的差距。

当然，这样的差距反过来看也意味着潜力。深圳坚定地相信，阅读是一个人，也是一个城市通向未来的"护照"。在这个世界上，阅读或者准确地说文化永远是那种最柔软也是最强大的力量。

"设计之都"：为一座城市奔涌不息的创意加冕

2007 年 5 月，巴黎，联合国教科文组织总部。展现在联合国教科文组织官员办公桌上的，是一份报告的两个版本。中文报告以竹简样式卷成一株生机盎然的竹笋，英文报告镂空嵌满了粉红欲滴的深圳市花簕杜鹃。别具一格的设计，首先就令人眼前一亮。当来自深圳市外事办的工作人员用流利的法语翻译完每个版本的设计内涵后，教科文组织几位官员频频点头并竖起了大拇指："这是一份非常精彩的报告。"

这是当年深圳申请"设计之都"时的一个镜头。这份承载着深圳荣耀、深圳历史、深圳重托的"申都"报告，打动了联合国教科文组织的官员。至此，艰难的"申都"之路变得开阔，前方，露出了一丝曙光。

联合国教科文组织于 2004 年推出了一个叫全球创意城市网络的项目，旨在通过对成员城市促进当地文化发展的经验进行认可和交流，在全球化环境下倡导和维护文化多样性。加入联合国全球创意城市网络的城市被分别授予七种称号："文学之都""电影之都""音乐之都""设计之都""媒体艺术之都""民间艺术之都"和"烹饪美食之都"。

这其中，"设计之都"的竞争最为激烈。在已经加入和正在申请加入该网络的城市中，有三分之一是指向这一称号的。目前已经命名的 11 个"设计之都"分别是柏林、布宜诺斯艾利斯、蒙特利尔、首尔、名古屋、神户、深圳、上海、北京、武汉、台北。深圳是我国首个获得"设计之都"称号的城市。

而深圳的"申都之路"，要从一则新闻算起。2006 年，深圳市委宣传部委托深圳报业集团调研国内外创意产业发展状况。同年 12 月 20 日，《深圳商报·文化广场》发表了记者李宁的文章《深圳：全球第三个"设计之都"》，介绍了创意城市网络。这引起了时任深圳市委常委、宣传部部长王京生等有关领导的兴趣，责成《深圳商报》在市委宣传部指导下调研评估深圳加入该网络的可能性。"申都之路"由此启动。

万事开头难。时任《深圳商报·文化广场》主编胡洪侠先请李宁尝试与联合国教科文组织官员进行联络。几经周折，联系上了创意城市网络的负责人——创意产业发展部处长乔治·普萨。但普萨对深圳并不熟悉，而且，上海早就表达了申请"设计之都"的意愿，来来回回周旋了半年，他才松口："先当面谈谈吧。"

2007 年 6 月，按照约定，胡洪侠与李宁带着深圳市市长的签名信飞到意大利博洛尼亚，普萨将在此参加创意城市网络投资论坛。七天之后，两人又按照约定，在巴黎联合国教科文组织总部与普萨会面。这一次，普萨出了一道考题，请深圳从设计教育、国际合作、传播与身份以及设计现状这四个方面进行回答。

出现在本文开头的、令联合国教科文组织官员心动的那份中英文报告，就是深圳对这些问题的回答。一颗城市的设计之心，跳跃在那长达数万字的文字里。

打动甚至说征服世界设计界的，当然不只是这样的报告。2007 年 9 月，联合国教科文组织创意产业发展部邀请深圳参加在美国圣达菲举行的创意城市网络年会。深圳代表团精心准备了丰富多样的展品，无论是深圳广电集团制作的《设计深圳》电视宣传片，还是深圳报业集团策划的《设计深圳》英文画册，都成为展会上的亮点。展台中间，民俗"鱼灯"、深圳特色徽章、中国文化 T 恤、魔力猫公仔、魔幻奇兵卡通等深圳设计作品琳琅满目，吹拂着一股来自东方古老大国最年轻城市的新颖设计风。

　　大会组委会主席、圣达菲市代市长瑞贝卡·乌兹伯格通过单独宴请、招待酒会等各种场合和方式，向与会代表和当地公众推荐深圳代表团，并创造机会展示深圳设计。大会主题演讲嘉宾、英国学者查尔斯·兰德利等国际知名创意专家也对深圳表示出了浓厚兴趣。深圳代表团团长宣柱锡还破例获邀参加了创意城市网络所有的成员城市闭门会议。第一次闯入世界设计视野的深圳，显示了如乳虎出山般的勃勃锐气与活力。

　　2008 年 12 月 7 日，深圳正式加入联合国教科文组织全球创意城市网络，成为中国第一个、全球第六个"设计之都"，也是发展中国家中第一个获得这一荣誉称号的城市。联合国教科文组织在当时的评语中写道："作为一个快速成长的城市，（深圳）有着很短却充满活力的历史，以及年轻的人口，令人印象深刻。由于本地政府的大力支持，深圳在设计产业方面拥有巩固的地位。它鲜活的平面设计和工业设计部门，快速发展的数字内容和在线互动设计，以及采用先进的技术和环保方案的包装设计，均享有特别的声誉。"

　　设计改变深圳。十年后，深圳成为在世界设计领域拥有话语权的"工业设计先锋城市"。目前，深圳已拥有设计企业 6000 多家，专业设计师 6 万余人，涵盖平面设计、工业设计、建筑设计、动漫设计、软件设计等 10 多个领域；有市级文化创意产业园区 34 家、基地 20 家，其中国家级文化产业园区 1 家。

　　自 2017 年开启的一年一度的"深圳设计周"，已成为世界级的设计盛典，吸引了来自数十个国家和地区的顶尖设计师参展参会。尤其是，总奖金高达 100 万美元的环球设计大奖评选，旨在发掘和发现独具前瞻力、创造力、驱动力、影响力的设计师及优秀设计作品，已逐渐成为全球设计界的"奥斯卡"。

　　设计，让世界看见深圳。"设计之都"，为一座城市奔涌不息的创意加冕。

"深圳十大观念"：帮助我们获得反抗庸常的勇气

"因为大家都是离开家的人，所以我们欢迎您。因为这是邓爷爷为大家画的一个圈，所以我们欢迎您。因为您是深圳继续发展的动力，所以深圳欢迎您……"2012 年 2 月，针对网上出现的有关内地多个城市的"排外"广告，一位深圳大学学生制作了这样一幅海报，醒目的大标题就是：来了，就是深圳人。

虽然那些"排外"广告不过是网友恶搞的结果，为平淡的生活增加一点诙谐与戏谑的盐，但是，这则"来了，就是深圳人"的海报所透露的真诚、热情，所包含的胸怀、境界，还是一刹那间打动了许多人，在网上获得了大量转发。不经意间，这句在深圳广为人知的口号，再一次彰显了它巨大的价值魅力。

"来了，就是深圳人"，只是著名的"深圳十大观念"中的一种。

"时间就是金钱，效率就是生命""空谈误国，实干兴邦""敢为天下先""改革创新是深圳的根，深圳的魂""让城市因热爱读书而受人尊重""鼓励创新，宽容失败""实现市民文化权利""送人玫瑰，手有余香""深圳，与世界没有距离""来了，就是深圳人"——这"十大观念"既有着独立的价值内涵，又构成了一个有机的价值谱系，从中不难感受到城市从保障经济权利、社会权利一步步向保障文化权利的演进，不难触摸到城市不断延伸的人文脉络。

很多人可能不知道，已凝固成城市文化符号的"深圳十大观念"，只是缘起于网络上的一个帖子。

2010 年 8 月 1 日，网友"为饮涤凡尘"在深圳新闻网的深圳论坛"我说深圳事"栏目发表了一个题为《来深十八年，再回忆那些曾令我热血沸腾的口号》的帖子。帖子里写道："我是 1992 年 2 月来深圳的，之前在海南，当年资讯不像今天这么发达，听收音机广播是一种时尚。坐在 215 路香蜜湖到火车站的公交车上，司机大佬正在听收音机，听到的头一句话就是'同在一方热土，共创美好明天'。"文内还配了一张黑白照片，那是当年竖立在蛇口工业区的巨大标语牌："时间就是金钱，效率就是生命。"

这个帖子引起了许多网友的共鸣。2010 年 8 月 20 日，由深圳报业集团主办，深圳商报、晶报以及深圳新闻网联合承办的"深圳最有影响力十大观念"评选活动正式启动，成为一项全城参与的文化盛事。深圳市特区文化研究中心还专门为此举行了一个主题为"特区而立与观念更新"的文化沙龙，邀请各界嘉宾对此话题进行了热烈讨论。

经过近一个月的网络征集，共征集到 200 条网友推荐的深圳观念，主办方从中筛选出了 103 条候选"观念"。由评选委员投票产生 30 条最有影响力的候选观念，并予以公布。

深圳新闻网互动总监夏有为回忆，接下来哪 10 条观念可以最终入选，他本想按老规矩，往上一交，"让领导拍个板，直接定了就算了"。

但是，交上去的名单却很快被退了回来，批复简单干脆——"让市民自己选"。

"让市民自己选"，这种具有明显草根性的评选，在夏有为的记忆里，还是头一回。

一个细节可以佐证——当第一轮网友投票选出 30 条候选条目时，时任深圳报业集团总编辑宣柱锡看着名单心里嘀咕："怎么还有一条叫'来了，就是深圳人'，这不是大白话吗，这也算观念？"但其时他也只有在心里嘀咕的份儿。决定深圳十大观念最终名单的权力，一半在参与投票的网民手里，一半则在由专家组成的评委会手里，而这些评委里，"一个政府官员也不要"。

评委会讨论现场言辞尖锐，硝烟弥漫，各路专家大声陈述理由，为自己中意的观念"拉票"，甚至吵得脸红脖子粗。以至于组织者夏有为不得不安排笔录员记下评委说的每一句话，"得记下来，以免他们以后不认账"。

就连一直票选排名第一的"时间就是金钱，效率就是生命"，也引起了一番唇枪舌剑。

"这条已经过时了，太强调金钱和物质了，现在已经不合适了。"有评委表态道。

但马上有人反驳："它是历史的产物，是最纯粹的深圳精神，这条毫无疑问应该入选，根本不必争论。"

这种讨论一直维持到最后一轮投票环节。

一个有意味的现象是，最终，网络投票结果和专家投票结果中，有9条完全重合——与其说是英雄所见略同，不如说，"深圳观念"对生活在这个城市的每一个人的影响与塑造，是一样的。

是的，一部深圳史就是一部改革开放观念的发生史、传播史与成长史。改革开放以来，深圳的价值并不仅仅体现在被誉为"深圳速度"的现代化建设，不仅仅意味着节节拔高的楼群与连年递增的产值，而且是向历史贡献了这背后的领一时风气之先的观念。正是这样的观念，潜移默化地影响与塑造了深圳人，使得深圳在深圳人心中不只是一个地理坐标，还是一个精神坐标与文化坐标。

从历史的高处俯瞰，我们会清晰地看到，这十大观念就像指示牌一样标示出了城市的发展肌理，解答了城市乃至整个国家在转型过程中所必须面对的问题。比如"时间就是金钱，效率就是生命"之所以当仁不让地居于"十大最具影响力观念"榜首，是因为它堪称深圳精神的逻辑起点。这句1981年出现在深圳蛇口的著名标语，今人视之只不过是道出了一个朴素的常识，但在刚刚走出思想禁锢的岁月，它无异于平地惊雷，石破天惊，后来广为传诵的深圳精神与深圳速度正是脱胎于此。

"空谈误国，实干兴邦"的响亮口号，对封闭时代的保守观念进行了有力校正，在姓"社"姓"资"的嘈杂声中显示了卓尔不群的勇气与胆识；"鼓励创新，宽容失败"一直是深圳最为人看重的城市品格之一；"敢为天下先"，"改革创新是深圳的根，深圳的魂"构成了深圳精神的坚实基座；"深圳，与世界没有距离"展示了一个古国孕育的年轻城市热情拥抱世界的态度；"实现市民文化权利"指向了现代社会公民的权利和责任以及基本伦理；"送人玫瑰，手有余香"则让人感受到了一个城市的人文体温与一种朴素而永恒的幸福观；"来了，就是深圳人"这句城市拟人化的语气中蕴藏着平等、多元及公民权利义务意识……可以说，这十大观念拼出了一幅深圳的也是时代的精神图谱。

深圳十大观念浮雕文化墙（局部）

2014 年，位于盐田区大梅沙海滨公园的"深圳十大观念"浮雕文化墙落成，成为吸引众多市民和游客慕名到访的旅游景点。站在这样一面墙前，你将从"深圳观念"中获得反抗庸常的勇气，在内心里继续放大那些深圳视角下的价值共识。

大运会：深圳，与世界没有距离

现在，让我们将时钟拨到 2011 年 8 月 23 日。

这一天，第 26 届世界大学生夏季运动会闭幕式在深圳著名景点世界之窗举行。当仪式主场世界广场地球形舞台缓缓打开，152 个国家和地区的旗帜和举牌引导员鱼贯而出，象征着深圳由此推开了一扇"世界之窗"，与开幕式上深圳敞开"世界之门"的仪式彼此呼应。这样的呼应不只是一种技术层面的创意，也是中国，是向海而生的深圳一种开放、多元、包容的精神表达。

第 26 届世界大学生夏季运动会是我国继成功举办 2008 年奥运会、2010 年世博会、2010 年亚运会后承办的又一个国际性重大活动。这一年，恰逢深圳经济特区建立 26 周年。这一年，深圳人的平均年龄为 26 岁。三个"26"叠加在一起，与其说这是一种巧合，不如说这是这项面向年轻人的国际性赛事与深圳这座年轻城市之间的一场美好约定。

2005 年 8 月 11 日，第 23 届世界大学生夏季运动会在爱琴海东岸的土耳其伊兹密尔举行。开幕式现场，出现了一群特殊的客人。他们是来自中国广东省、由省长黄华华率领的考察代表团，为深圳申办大运会取经而来。

历经 20 多年的发展，深圳已成为世界第四大集装箱港口、中国第四大旅游城市，成为东南亚重要的高科技、物流和金融中心，城市综合实力位居中国内地第三位。而通过举办大型国际性体育活动，提升城市形象和国际影响力，必将给城市带来全方位的发展机遇。

正是基于这样的战略眼光，深圳市委、市政府开始将目标瞄准了在国际体坛有着重要影响的世界大学生夏季运动会。2004 年 12 月 17 日，经国务院办公厅批准，深圳市代表中国向国际大体联申办 2011 年第 26 届世界大学生夏季运动会。

　　这是另一种"深圳速度"——2005 年 7 月底，由深圳市平面设计协会秘书长韩湛宁先生设计的申办标志出炉，这一标志由红、绿、蓝三色舞动的飘带组成，象征青春、激情、友谊、未来。2006 年 5 月，由深圳一名普通义工创意的申办口号"深圳，与世界没有距离"正式公布。很多人没有想到的是，这句口号后来不胫而走，广为传播，成为著名的"深圳十大观念"之一。

　　是的，向海而生的深圳经济特区，从她诞生的那一刻起，就宣告主动融入了这个浩浩荡荡的世界。成千上万的新移民从四面八方来到深圳，他们是为了让自己走向世界而来，也是为了让世界走向自己而来。

深圳大运中心

　　深圳在申办 2011 年第 26 届世界大学生夏季运动会《申办报告》的前言中，如此告白——"开放的深圳，多元包容，文明交汇，与世界没有距离；年轻的深圳，青春跃动，梦想飞扬，与大学生没有距离；张开双臂的深圳，心诚意切，与大运会没有距离。"

《申办报告》郑重承诺：深圳充分尊重和严格恪守国际大体联章程，将以创新的理念、一流的场馆、周到的服务确保大运会的圆满成功，为增进全球大学生的交流和友谊、推动世界大学生体育运动的整体发展做出新贡献。

饶是如此，申办 2011 年世界大学生夏季运动会的城市除了深圳以外，还有俄罗斯的喀山市、波兰的波兹南市、西班牙的穆尔西亚市、中国台湾的高雄市，竞争激烈程度，堪称大运会史上之最。

还是让细节来佐证。2007 年 1 月，意大利都灵。按照国际大体联的安排，申办城市在朱丽酒店的展台于当地时间 13 日上午 9 时开始布展，但"神通广大"的喀山代表团上午 7 时就"抢跑"，在展区紧锣密鼓地开始"施工"，得知消息后，深圳代表团在 7 时 30 分进场，其余的申办城市纷纷跟进，一个比一个快。

按照相关规定，每个展台的面积只有区区 9 平方米。但是螺蛳壳里做道场，每个申办城市都在展区布置方面挖空心思，方寸之间，各有乾坤。波兰的波兹南市已经是第三次申办大运会了，经验丰富，走入展区，美丽的波兰姑娘手托一盘美酒飘然而至，酒不醉人人自醉。作为深圳此次申大最强劲的对手，喀山市更是大打"美女牌"，展区前 4 位美女穿梭往返，派发糖果、蜜饯、茶水、点心，两位穿着性感的喀山大学女人学生演奏的电子小提琴热烈奔放，为展区赢得了不少人气。

深圳则动用高科技加青春组合，5 块屏幕通过"无缝连接"的最新技术，组成三面总长达 8 米的"多媒体墙"，视觉效果强烈；5 台投影仪同时播放宣传片，从风光、人文、经济、教育等多个维度呈现深圳的跃动活力、进取精神，使深圳展区当仁不让地成为"人气王"。

最终，深圳获得了第 26 届大运会的举办权。国际大体联主席基里安表示："选择深圳是我们 22 位执委会委员的决定，我们认为深圳的申办是最出色的。我个人认为，深圳是个年轻而有朝气的城市，只有26年的历史，但有现成的、崭新的体育设施。"

第26届世界大运会举办前夕，国际奥委会媒体运行主任安索尼·埃德加尔在接受深圳本地媒体采访时说："深圳将会因为本届大运会，出现在世界体育大城市的版图上。"如今，深圳正在日益拉近与这一预言的距离。

深圳此前也零零星星举办过一些国际性体育赛事，如F1摩托艇世界锦标赛、中国杯帆船赛等。但是，直到与世界大运会出现交集，与这种高规格、大规模的知名国际体育赛事结缘，深圳才因为体育而被置于世界关注的聚光灯下，整个城市的交通体系、环境建设、服务接待、人才支持等综合实力因为大运会得到了提升。

2016年底，深圳正式出台了体育发展"十三五"规划，提出要经过5年左右的努力，通过加大投入和深化改革，显著提高体育发展质量，建立健全符合现代体育发展规律的体育管理体制和运行机制，打造体育强市。这其中，打好竞技体育这副牌自然是必不可少的途径。

这些年来，在引进世界高端体育赛事方面，深圳的势头颇为强劲。比如，高尔夫球、帆船帆板、网球等多个项目的国际赛事已先后进驻深圳。尤其值得一提的是，国际女子网球职业协会宣布，作为全球女子网坛的年终压轴赛事，WTA年终总决赛从2019年起落户深圳，举办权为10年。这是该赛事首次落户中国，深圳也是它迎来的第10座举办城市。2019国际篮联第二届篮球世界杯于2019年9月在中国8座城市举行，其中深圳赛区承办10场比赛，成为世界篮球舞台的焦点之一。

事实上，一些著名的国际大都市，如新加坡、伦敦、柏林和悉尼等，同时也都拥有知名的国际体育赛事IP。作为一个青春洋溢的城市，深圳天然与竞技体育具有相吻合的气质。随着更多国际顶级体育赛事落户深圳，随着体育资源加速全民共享、体育精神对城市文化持续积淀，深圳，将以体育的名义，带给人们更多的城市荣耀。

新十大文化地标抬升深圳的文化海拔

2018 年底，深圳宣布，将加快规划建设一批与深圳城市发展定位相匹配、具有国际先进水平的重大文体设施，打造一批新的现代化国际化城市文化核心区，加快建成布局合理、配套齐全、运营持续的高水平文体设施体系。

其中尤以深圳新十大文化地标建设引人关注，它们是——深圳歌剧院、深圳改革开放展览馆、深圳创意设计馆、中国国家博物馆•深圳馆、深圳科学技术馆、深圳海洋博物馆、深圳自然博物馆、深圳美术馆新馆、深圳创新创意设计学院、深圳音乐学院。

深圳建立特区以来，曾经有过两次文体设施建设高峰。第一次是 20 世纪 80 年代，建设了深圳体育馆、深圳博物馆（老馆）、深圳图书馆（老馆）、深圳大剧院、深圳大学等八大文化设施。被誉为"金色精灵"的深圳大剧院，上演了多场经典音乐会；状如巨大飞碟的深圳体育馆，见证深圳队勇夺中超元年冠军……它们不仅成为那个年代的深圳地标，更承载了许多深圳人的记忆和乡愁。

深圳图书馆老馆长刘楚材珍藏着一份 1988 年的《人民日报》，在那份报纸上，并排着两张照片：一张是国内某著名图书馆门前冷落车马稀，另一张则是深圳图书馆门前排着长队领借书证。两个场景形成鲜明对比。在那个年代，深圳图书馆每天接待 3000—5000 人次的读者量，在同规模同性质的图书馆中位居前列。

读者在深圳图书馆内阅读（深圳图书馆供图，陈彦摄）

2000 年以后，深圳再一次发力，一口气建成了深圳音乐厅、深圳图书馆新馆、水晶石造型的大运体育中心、深圳湾"春茧"等一批城市文化新地标。

深圳音乐厅夜景

深圳音乐厅由享誉国际建筑界的日本著名建筑大师矶崎新先生主持设计。其建筑造型优雅独特，外墙采用"黄红青白黑"五色，蕴含象征中国传统五行的理念，呈现充分融汇东西方的文化韵味。深圳图书馆新馆建筑也是由矶崎新先生主持设计，和音乐厅一道构成深圳文化中心。寓意文化森林的图书馆正门"银树"和音乐厅正门"黄金树"象征中心区文化城的"城门"。

大运体育中心的三座体育场馆颇似三块水晶巨石，与周围的山体、绿地配合，形成了独特的"山水石"结构；深圳湾"春茧"则是一个为数不多的能看到海的体育场，让人们在观看比赛时就能感受到海的气息……它们一起组成了深圳新的文化景观生态线。

但是，总体而言，深圳的文体设施和国内国际一流城市相比，仍有一定的差距。比如，深圳只有一座国家一级博物馆，而北京有14家，上海有5家，差距明显。而"新十大文化地标"，将成为深圳城市建设史上第三轮文体设施建设高峰，弥补深圳的文体设施短板，进一步提升深圳作为粤港澳大湾区核心城市的文化影响力、聚合力和辐射力。

以歌剧院为例，歌剧院是古典高雅音乐的典型建筑载体，澳大利亚的悉尼歌剧院、奥地利的维也纳国家歌剧院、意大利的圣卡洛剧院、法国的巴黎歌剧院等世界知名歌剧院，往往成为所在城市的旅游景点与文化地标。著名的伦敦西区不仅是英国的政治经济中心，更是汇集了40多家剧院的文化中心，各剧院每晚都上演多部话剧和音乐剧。

仅以我国来说，近年来，北京和天津大力打造歌剧"重镇"，天津以"有歌剧的城市"作为口号，大量引进并自己制作歌剧。为了保持竞争优势，上海将在5年内新建两座"世界一流的歌剧院"，使之成为国内首屈一指的古典音乐中心地带。

还有一个数据也颇能说明问题，有报道称，据不完全统计，我国目前有演出剧院场3000多个，其中专业剧院场1000多个。相比之下，深圳虽然有大剧院、深圳戏院、保利剧院等，但对一个人口数量庞大的一线城市来说，剧院数目还有持续增长的需求空间。因为，处在中西文化交汇地带的深圳，拥有相当多的欣赏高雅文化的受众。这些人年轻，视野开阔，受过良好的教育，审美趣味多元，最容易接受高雅艺术的感召。

再说海洋博物馆。作为"深圳新十大文化设施"之一的深圳海洋博物馆正式敲定落户大鹏新区，选址为大鹏办事处水头社区。水头社区与南澳办事处新大社区相邻，此前已有消息称世界级主题乐园项目将落户新大社区。

全国海洋经济发展"十三五"规划明确提出，推进深圳、上海等城市建设全球海洋中心城市。深圳地处粤港澳大湾区，具有优越的区位和环境优势，经过多年的发展，已经初步建立海洋产业、海洋科技、生态环保、教育人才等发展体系——按照这样的定位，深圳确实需要一座海洋博物馆。

作为一个海滨城市，深圳依海而生，2020平方公里土地不是深圳的全部。但毋庸讳言，无论是对普通市民还是留给外界的印象而言，深圳的海洋城市特征并不明显。深圳当然也有海，有漫长的海岸线，有丰富的与海相关的历史遗存，但相对于深圳所获得的其他的鲜明身份标签，海洋文化之于深圳的能见度还是太低了。海洋博物馆的出现，将改变这一切，让"海洋深圳"成为城市更醒目的标识。

值得一提的是，大鹏新区博物馆和咸头岭博物馆也正在选址之中。大鹏新区以"博物馆＋"为引领，准备打造由市级骨干国有博物馆、区级门户国有综合性博物馆、特色型非国有行业博物馆、创新试验型非国有博物馆集聚区所构成的四级博物馆体系，建设"全域博物馆半岛"。自然之美与人文之美彼此融合，有望为大鹏半岛带来一种全新的景象。

文化地标是观察读懂一座城市最好最直接的视觉符号。毫无疑问，深圳新十大文化地标将筑起深圳文化坚实的背脊，进一步提高深圳的文化海拔。

深圳，深圳

Shen zhen
Shen zhen

第五辑

"深圳第一高楼"勾勒出城市的生长曲线

2019 年 5 月 26 日，深圳平安金融中心举行了一次国际垂直马拉松大师赛，来自中国、美国、德国、澳大利亚、波兰等 17 个国家与地区的 400 名选手参赛，其中有多位世界排名前十的选手。

平安金融中心是深圳第一高楼、全国第二高楼以及全球第四高楼，高约 600 米。选手需要爬 116 层楼、3201 级台阶到达终点。最终，一名叫刘志森的选手夺得专业组男子冠军，从地面跑到顶楼，用时 19 分 52 秒。

而不断长高的深圳，从当年高约 15 米的"第一高楼"走向如今约 600 米高的"第一高楼"，花了约 40 年的时间。

位于罗湖火车站西广场附近的华侨大厦，高约 15 米，共 5 层，目前是一家接待外宾、华侨的商务型涉外星级酒店。网上已找不到关于它的更多介绍，有限的资料显示，它始建于 20 世纪 70 年代末，是当时深圳最高最豪华的建筑。

前几年，有人在网上吐槽说，华侨大厦才 5 层高，竟然也敢称大厦？不过，这位网友如果能乘坐时光穿梭机回到 20 世纪 70 年代的深圳以及中国，或者翻出那个年代的老照片，就不会有这样的疑惑了。那个年代，城市建筑普遍以二三层为主，五层高楼已有鹤立鸡群之感。

但是，进入改革开放的开阔地带后，深圳的生长速度超出了许多人的想象，"第一高楼"不断被刷新，城市的天际线不断向天空延伸，迅速成为一座真正意义上的摩天之城。

在深圳华强北密密麻麻的高楼森林中，有一座不起眼的楼房，低调、朴素，没有多少人会关注到它，更没人会想到，它有着堪称显赫的身世，与深圳的发展史紧紧连在一起——它就是电子大厦，曾经的"深圳第一高楼"。

电子大厦始建于 1981 年 1 月，1982 年 8 月竣工，楼高 20 层，69.9 米高，是深圳经济特区最早的高楼，也作为当时深圳的地标建筑，出现在关于深圳的各种宣传画册、笔记本插图中。这样的高度，率先为深圳注入了现代化气息。

电子大厦也是深圳第一栋以城市支柱产业命名的大厦，围绕电子大厦，逐渐兴起华强北电子商圈，尤其是手机批发零售业务闻名全国。可以说，最初的华强北记忆是从电子大厦开始的，它是一个催生华强北的巨大的助推器。

仅仅三年后，电子大厦的荣光就让位给了国贸大厦。直到今天，国贸大厦仍然可能是深圳知名度最高的建筑。对深圳来说，它已不只是一座建筑，还是一个精神符号，因为，它是著名的"深圳速度"的起点。

1982 年，深圳开始筹建国贸大厦。当时，香港最高的建筑是合和大厦，建成于 1980 年，位于湾仔著名的皇后大道东，楼高 65 层。几乎与此同时，南京金陵饭店建设方正在谋求建成当时的中国内地第一高楼，计划建设 37 层。为了和香港形成完美对接，国贸大厦规划建设 53 层，高 160 米，是当时内地的第一高楼。

香港的合和大厦顶部有个圆形的旋转餐厅，曾是一个风靡港岛的著名景点。国贸大厦也在 49 层设计了一个圆形的旋转餐厅。到旋转餐厅俯瞰深圳及对面香港风光，同样曾是很多来深旅者的打卡留念之地。

国贸大厦的建设者试验成功了一种叫"滑模施工"的建造技术。参与建设的工程师罗君东向媒体回忆，国贸大厦主楼开建后，先是 7 天建一层，后来速度提升到 5 天、4 天一层。从第 30 层开始，持续以 3 天一层的速度盖楼——当时香港的最快速度是 5 天一层，美国的最快速度是 4 天一层。"深圳速度"由此传播开来。

国贸大厦

那时候，中央电视台《新闻联播》平均每周都会播发一条关于深圳的新闻报道。画面中最常出现的就是这座正在一天天长高的中国第一高楼。1984 年春天，在国贸"爬升"到一半的时候，第一次到南方视察的邓小平站在旁边的国商大厦楼顶，亲眼观看了国贸工地。1992 年，邓小平再次南方视察，在国贸旋转餐厅里留下了经典的历史镜头。此外，江泽民、李鹏以及国际政治要人尼克松、布什、海部俊树、李光耀、加利等也先后到国贸大厦参观过。这是属于它的另一种"高度"。

1994 年 5 月 27 日，当专程从东京运过来的 6 颗金螺栓被牢牢拧在巨大的钢架上，地王大厦的钢结构施工正式开始——地王大厦其实是它的别称，它的正式名称叫信兴广场。1992 年，深圳市政府将蔡屋围的一块旺地推向市场，这块地总面积 18734 平方米，是内地首次实行国际招标出让的地块，吸引了近 200 家境内外公司竞标。最终，深业集团和熊谷组公司联合以 1.4 亿美元中标，创下了当时深圳土地交易最高价，故以"地王"冠之。

1995 年，高 69 层、总高度 384 米的地王大厦主楼提前两个月封顶，成为深圳新地标。它也是当时的亚洲第一高楼、世界第四高楼，也是全国第一个钢结构高层建筑。值得一提的是，地王大厦宽和高的比例为 1∶9，创造了当时世界超高层建筑最"扁"最"瘦"的纪录。身材虽苗条，但酷似钥匙的外观却丝毫没有减弱它"君临天下"的霸气。

20 世纪 90 年代中后期及 21 世纪初，各种版本的深圳地图上，都少不了地王大厦的身影。事实上，它的"深圳第一高楼"的身份，足足保持了 16 年之久。直到 2011 年，就在它的身旁，京基 100 大厦以 100 层楼、441 米的高度，取代了地王大厦成为深圳新地标。从京基 100 的顶层，可以轻易俯视 384 米高的地王大厦。

京基 100 当时的高度，在全球摩天大楼中名列第八，也是中国民营地产企业投资建造的最高建筑，京基 100 使用的钢板最大厚度达到了 130 毫米，大厦的用钢量达到了 6 万吨，这在深圳甚至全国来说都

地王大厦

是首例。将所有的焊缝连接起来，累积长度可以绕地球赤道 4 周。

京基 100 的出现，也是城市变迁的一种折射。2009 年，深圳被媒体评为世界第五大金融中心，自主创新、转型升级等成为解读深圳的重点词汇。热气腾腾的深圳，需要一座代表城市金融属性及创新力量的新的摩天大楼为标志，京基 100 由此应势而生。

2014 年 7 月 15 日上午，深圳福田中心区 400 多米的高空上，随着一根长达 10 余米的钢柱吊装完成，"深圳第一高楼"的名头再次易主。深圳平安金融中心高近 600 米，共 118 层，再一次刷新了"深圳第一高楼"的纪录，在全球摩天大楼中名列第四。

2018 年 3 月，深圳平安金融中心云际观光层向公众开放，可 360°鸟瞰四面八方的城市景观。值得一提的是，观光层每个转角处都设置有一个三角形的玻璃地板，带给人悬浮在高空的逼真体验。一个在这栋大楼里上班的名叫小意的文艺青年，在接受媒体采访时如此抒情："去过许多国家，也看过许多城市的美景，给我留下深刻印象的深圳算一个。就在这栋大楼 116 层的云际观光厅，360° 鸟瞰深圳城市景色，向 599 米的天空致意，一段难忘的天际之旅，震撼良久、回味至今。"

2018 年 9 月，深圳平安金融中心经受了中心风力达 17 级的超强台风"山竹"的袭击，安然无恙。其中一个设计奥秘是，大楼里安置了两个分别重达 500 吨的"定楼神器"——阻尼器。当台风来临，大楼在风中摆向某一方向时，阻尼器会在电脑和电机的控制下朝反方向运行，从而减缓大楼的摆幅，充当天平砝码的角色。

……

"深圳第一高楼"的不断易名，勾勒出了城市的生长曲线。

一部深圳城市发展史，就是一部高楼成长史。相关研究报告显示，2018 年全球共有 144 座超过 200 米的新建摩天大楼，中国共有 76 座。而深圳连续第二年成为世界上建成高层建筑最多的城市，共建成 12 座超过

200 米的摩天大楼。目前，深圳共拥有 40 栋 300 米以上高楼，成为名副其实的摩天之城。

当然，这样的高度并不是深圳刻意追求的结果。这很重要。一些地方的摩天大楼建设往往沦为面子工程，早在 1999 年，经济学家安德鲁·劳伦斯就提出了一个叫"摩天大楼指数"的概念，大意是对摩天大楼的投资热潮，会成为经济衰退的先兆。但这个概念并不适用于深圳。不久前，美国有线电视网报道称，深圳的高楼并不是为了赚取吆喝才建设的，而是具有可持续性，与城市的经济活力是相匹配的。这样的结论，当然有一大堆严谨的经济数据作为支撑。务实理性，本来就是描述深圳精神的一个维度。

相对于北上广三个一线城市，深圳的土地面积狭小，人口密度高，而且，为了实现绿色发展，深圳还相当"奢侈"地将近一半的面积列为生态控制线。在这种情况下，建高楼、追求单位面积的高产出，就成了一种必然选择。在深圳，很多高楼就是一个吞吐量巨大的人才、资金、技术集散地，仅福田 CBD 就拥有 69 栋亿元楼（即纳税过亿楼），数量居全国第一位。如今，近 300 家世界 500 强企业在深圳设立了总部，并吸引了成千上万的中小型企业入驻深圳。一座座摩天大楼就像一条条伸向天空的手臂，将深圳作为中国的科技和金融重镇的角色托举得更高。

未来的深圳仍将向上寻找空间，深圳的城市天际线会一次次得到刷新。深圳是一个血液里流淌着改革基因的城市，城市在改革的大地上扎得越深，未来就可能"长"得越高。那些错落有致、高低起伏的摩天楼群，将在时间之轴上一次次为城市留下成长的刻度。

深南大道：辽阔才能匹配城市的发展野心

"当年大学毕业，我想到深圳，女友想留北京。争执不下。我有意带女友来到深圳，特地带她穿过深南大道，让她亲身感受深圳，女友这才决定和我一同来深圳打拼。"深圳市民吴显彬这样回忆。

应该说，这个叫吴显彬的深圳人是机智的。作为深圳最有名的一条大道，犹如第五大道之于纽约，长安街之于北京，深南大道已经成了阐

2005年深南大道·大冲路段（何煌友摄）

述深圳的一个重点词汇。它的磅礴、大气、华贵、蓬勃气质足以征服每一个与它相遇的人，尤其是梦想萌动的年轻人。

一支名为"深南大道"的乐队，唱了一首名为《深南大道》的歌，引起许多人的共鸣：30公里长的深南大道由东至西横跨深圳，经过罗湖、福田、南山3个区，两侧均为花地；太阳升起，深南大道明净清朗，繁密艳丽的各种鲜花灿烂得让人心醉；夜幕低垂，数不清的霓虹华彩扑面而来，处处璀璨辉煌……

深南大道是深圳市一条东西向主干道，全长约25.6公里，横跨罗湖、福田和南山区，连接蔡屋围与南头，一些地方路幅宽达135米，中心区最宽达350米，堪称国内城市大道之最。回望它的前世今生，我们会发现，一条深南大道，也蕴含着城市的发展"大道"。

1979 年，中共中央、国务院和广东省决定撤县设市。原宝安县留给深圳市的是不到两公里的水泥路，其他全是碎石子铺就的土路，"大风起兮尘飞扬"是其真实写照。一个老深圳回忆当年深圳的路况时说："从市区（罗湖）到蛇口坐车要三个多小时，车子走在路上跳来跳去，汽车螺丝掉得满地都是，有时连发动机也被震坏。"

为了不让飞扬的尘埃把刚跨过罗湖桥的港商"吓回去"，深圳市政府决定对深圳通往广州的 107 国道进行改造，在蔡屋围到规划中的上步工业区 2.1 公里的碎石路面上铺上沥青。但即便如此简单的"粗加工"，也遇到了阻力。因为道路要从蔡屋围村中穿过，当地部分民众认为这会破坏风水，要求大队党支部书记冯树泰联名在港澳和国外的族人写信给中央，坚决反对修路。冯树泰通过大会小会想方设法说服了村民，为深南大道的诞生搬掉了"观念障碍"。

1979 年 7 月，市政府从陆丰县驻深圳办事处请来 600 名陆丰建筑工人修路。当时，工地没有路，运输没有汽车，成千上万的土石方是用板车拉走的。"该洒沥青了，可当时哪有洒油机？"施工队老队长叶建国说，"我们用铁皮焊了个土漏斗，足有二十斤重，让两位身板好的人用手臂举得直直地操作。有一天，一位洒油工的胶鞋脱不下来了。原来沥青把胶鞋烫溶，把裤子给粘住了……"

原深圳市规划国土局总规划师郁万钧也回忆说："当时环境非常艰苦，到处是稻田、鱼塘，甚至是坟地，很多地方水、电不通，施工队住着茅棚，忍受着蚊子、苍蝇的轮番'轰炸'，又没有现代化的机械，硬是用手和锄头，一寸一寸地挖出了一条宽 7 米的路。"它便是"第 1 版"的深南大道。

特区建立后，几经研究，深圳做出了以罗湖为中心向东西两方发展的决策，决定修一条从罗湖到南头的道路，但因为资金短缺，原计划从罗湖修到南头关的深南路，也因此"缩水"成了从蔡屋围至上海宾馆。

但城市超前的规划眼光没有"缩水"。当时，设计部门提出将深南大道由 7 米拓宽至 50 米，整个路段设有慢车道、快车道和人行道，还留有绿化带。这个规划激起了巨大反弹，引起了很大的争论。很多人说："小小的深圳，有多少车啊？需要修这么宽的路吗？修这么宽的马路要花费多少钱？简直是资源浪费嘛。"

但基于特区一天一个样的发展速度和走出去"拿来"的发达国家和地区的经验，当时的市领导层力排众议，不但守住了 50 米，最终还更"大胆"地在总体规划里把深南路的宽度敲定在 60 米。值得一提的是，1983 年底，时任深圳市委书记兼市长梁湘带队赴新加坡考察，回国后，眼界大开的他做出了在全市主干道两旁各留出 30 米绿化带、次干道留出 15 米绿化带的决定，并在深南大道的中间绿化带预留 16 米建城市轻轨。

时间证明，这是一种非常有远见的创举。20 世纪 90 年代初，深圳在规划建设深南大道上海宾馆以西路段时，更是大手笔地将全路程设计为宽 140 米，两边绿化带各 30 米，路面净宽 80 米——也确实只有如此宽阔的路面，才能匹配城市的发展野心。

这里面还有两个小插曲。

一个是铁路高架桥的故事。今天我们沿深南路东行，会经过火车忙碌穿梭的广深铁路，但我们不需要停车等待放行。因为，当初修建深南路时，已经超前解决了这个问题。

铁路部门通常被称为"铁老大"，许多公路与铁路交叉时自然"低人一等"，要么"自谋生路"上架下挖，要么在路口设闸，由火车控制汽车。但深圳一定要打破这样的惯例，想办法和铁路部门协商，让铁道在市区内高架。因为，如果特区的第一条大道就得"爬"上铁路，以后其他新修的街道必定照此办理，要一层层往上"爬"。难以设想，如此一来，一个崭新的城市会变成什么样？所幸的是，在有关领导的有效协商下，铁路部门慨然允诺，花巨资把当时经过罗湖市区的 800 米广深铁路线抬高。

另一个是，如今的深南大道东段大部分地方为 60 米宽，但有些地方的路宽只有 50 米。原因就是大家在争议该 50 米还是 60 米的时候，有一批建筑已经按 50 米宽的规划在路边建成了。比如曾经的"深圳第一高楼"的电子大厦。

电子大厦曾有过短暂的风光。它于 1982 年 8 月落成后，当时刚刚成立的深圳电视台，便用电子大厦作为每天的开播画面，深圳机关干部使用的笔记本和特区党建刊物的封面图案上也都印着电子大厦，它代表着当时深圳的形象。由于电子大厦毗邻深南大道，曾被要求往北迁 10 米；但其时大厦已经打好了桩，如果迁移的话，建成时间将要推迟一年半，光直接经济损失就达到 200 万元，还有可能延迟深圳电子业的发展。最后规划部门修改了市政方案，电子大厦得以继续施工。直到现在，细心的人还可以发现，与周围建筑相比，电子大厦与深南大道靠得更近。

前些年，深南大道曾入选新"深圳八景"，称为"深南溢彩"。大道两旁是无数的摩天大楼，形成狭长、陡峭的城市峡谷，反射着金色、浅蓝、绿色的玻璃光芒，确实是一场现代化的流光溢彩。或者说，它像一个巨大的电影胶带，循环播放着城市的时尚、先锋与现代。

值得一提的是，深南大道的最西端，截至南山区的南头古城，这也是深南大道中"南"字的由来。早在东晋咸和六年（331 年），东官郡城和宝安县城就在这里设立。我们今天所看到的南头古镇，是广州左卫千户洪浩开在洪武二十七年（1394 年）的时候，于原旧城址上修建的"东莞守御千户所城"。一头连着历史，一头通往未来；一头连着沸腾的生活，一头通往"从前慢"……深南大道，由此也成为一个富有立体感的城市隐喻。

鲲鹏展翅九万里，翻动扶摇羊角

2019 年 5 月 30 日，一架巨大的客机腾空而起，深圳—罗马国际航线正式开通，创意之城深圳和文化名城罗马，通过空中桥梁连接在一起。至此，深圳机场国际客运通航城市已达到 50 个，覆盖亚非欧美澳五大洲。

就在此前不久的 5 月 15 日，第十届世界航空公司排行榜新闻发布会在香港举行。该次活动由世界航空小姐协会和世界城市合作发展组织暨航空专业委员会、走遍全球旅游协会主办。引人注目的是，在新增的"中国最受欢迎十大机场"排行榜中，深圳宝安国际机场获得第一名。

深圳别称鹏城，而有了深圳机场，鹏城带给人们的想象才更完整——它犹如一对强劲的翅膀，将城市托举得更高更远。那么，现在，让我们一起坐上另一架时间旅行器，去看看深圳机场的前世今生。

深圳经济特区建立不久，深圳主政者就意识到，深圳需要建设一个多功能、大规模、国际化的现代化机场。当时世界各地每年到香港旅游的有 300 多万人，他们从深圳入境，再到广州去坐飞机或火车去中国各地。

1982 年，深圳市政府成立深圳机场筹建处。1985 年向国家提交立项报告，1987 年 5 月 21 日获得国家批复。国务院、中央军委在《国务院、中央军委关于新建深圳民用机场的批复》中进一步明确深圳机场"建设投资，以深圳市自筹和利用外资为主"。这意味着深圳机场一出世就烙上了改革的烙印，成为首批由地方投资建设和管理的机场之一。

值得一说的是机场选址问题。很多人不知道，深圳机场差一点定在如今已是繁华市区的白石洲。幸好，在关键时刻深圳再一次做出了正确的选择。

相关专家对深圳及邻近地区的社会经济现状、发展规划等进行了系列综合调查，搜集深圳地区的气象、地形、地质资料，分别对后海、黄田、长安、黄阁、内伶仃岛、同乐村 6 个场址做了调查研究。最终，3 个方案被遴选出来：第一个是羊台山方案；第二个是黄田方案；第三个是后海湾方案，也就是"白石洲机场方案"。

按照第三个方案，机场将建在深圳大学以东和以南的方位上。它位于深圳与香港新界之间，位置适中，货运方便，场址在特区管理线以内，更何况，香港启德机场业务已经饱和，且没有扩建条件，选址后海湾可以深港合建机场，多数人认为此地应作为第一方案优先考虑。

但这个方案也激起了一片反对的声浪。1988 年初，15 位中外专家进行实地考察之后，一致对深圳决定在白石洲兴建机场投了反对票，认为这"违反了客观规律"。有一位英国专家说，在白石洲建机场，等于把"野牛牵进了瓷器店"。原建设部规划局局长王凡指出：在白石洲建机场，深圳将付出沉重的代价。机场噪声影响面积近 40 平方公里，意味着将来无数市民生活在飞机的轰鸣之下。而且后海湾场址 60% 在水面，靠填海造地，涉及港英界线，若港英当局不同意，难以施工。

羊台山方案因为搬迁量太大，也遭到了否决。最后只剩下了黄田方案。但这一方案的争议也很大，反对者认为黄田场址有两大硬伤：一是位于特区外，按照当时对特区管理线的设想，管理线内外在人员进出、货物税收等方面是有很大差别的。二是黄田在海边，地表又多淤泥，施工困难，建成后机场跑道容易变形、影响飞机起降安全。

对于第一点，主流意见认为管理线的障碍是可以克服的。至于第二点，时任深圳市委书记、市长李灏曾问副市长周溪舞，在黄田建机场，处理淤泥的技术、建成后跑道的质量、飞行安全等问题能不能解决。

周溪舞回答说，据水电部长江葛洲坝工程局在葛洲坝工程中的施工经验，把地底下的淤泥挖起来，然后填上花岗岩石头夯实就可以了。黄田方案就这样定了下来。

场址确定以后，便对机场可行性研究组织招标。在6个国家的13家公司中，美国的帕森斯－洛克希德国际合作公司中标。该公司对黄田场址附近多年的台风、地震、潮汐、地质地貌、四季风向变化等技术条件及机场客源、市场增长情况等经济条件进行综合分析后，于1986年6月完成了深圳机场可行性研究。

1986年12月28日，深圳机场建设工程破土动工。在位于福永的那一大片滩涂上，中国民航总局局长胡逸洲、广东省副省长匡吉、深圳市市长李灏等领导为深圳机场奠基铲下第一铲土。

由于净空条件所限，深圳机场选址于软土基上，地下淤泥平均深度6—7米，最深达16米。软基处理的技术之复杂、工程量之大和工期之紧，是中国民航建设史上绝无仅有的。

深圳机场的建设赢得了一系列之"最"：土石方量最大、地形最复杂、技术要求最高、工期最紧、国家投入最少、设施最先进，等等。据记载，整个机场建设完成的挖填土石方量高达2000万立方米，开挖的土石方量，可完成一条1米宽、10厘米厚的路，绕地球赤道一周。国际传媒称深圳机场建设是"世界航空史上的一个奇迹"。

1991年10月12日，深圳机场正式投入使用。顺便提一句，深圳机场原名深圳黄田国际机场，由于在闽南语中"黄田"与"黄泉"谐音，为避免因此而流失客源，黄田机场后来更名为"深圳宝安国际机场"。"宝安"与"保安"谐音，含有"保护平安"之意。

一部机场发展史，也是这个城市变迁史的生动缩影。

由于外有香港、内有广州，在兴建之初，国外一家权威机构曾预测，深圳机场投入使用第一年进出港旅客不会超过 60 万人次，第二年不会超过 100 万人次。

但深圳机场通航第一年旅客吞吐量就达 166 万人次，快速跻身国内七大机场行列。2003 年、2007 年，深圳机场连续突破 1000 万人次大关和 2000 万人次大关，坐上了民航机场第四把交椅——珠三角地区拥有世界上密集度较高的工业基地和巨大的货源生成量，是目前国内经济最活跃的地区之一，这为深圳机场的迅速成长提供了澎湃动力。

但是，随着时间的推移，深圳机场也一度出现了明显的发展瓶颈。早在 2004 年召开的一次深圳民航高峰会议上，与会多方就认为，要把深圳机场进一步做大做强，建成国际化的一流航空港，还存在一些必须解决的问题，其中，整体规划为重中之重。

"空港经济"这个名词曾经每每被提及。所谓空港经济，是指依托大型枢纽机场的综合优势，发展具有航空指向性的产业集群，从而对机场周边地区的产业产生直接、间接的经济影响，促使资本、技术、人力等生产要素在机场周边集聚的一种新型经济形态。它能够有力地推动当地经济产业结构的调整，加快经济发展模式的转型。深圳的"大空港"规划正是基于这样的认知应运而生。

2011 年，深圳市宝安区正式启动《大空港地区综合规划》，规划面积大约相当于前海合作区的 6 倍，并将成为前海未来的拓展区——事实上，前海合作区是大空港未来发展的核心优势。在不少专家看来，前海着力于深港金融服务业，欲打造成为亚洲顶级的金融中心，大空港在现代物流、航运的优势，恰好将成为前海的有力延伸。而前海发展也将带动周边区域人流、物流、资金流的聚集，为大空港的发展提供坚实支撑。

2013 年 11 月 28 日，在万众瞩目中，外形酷似"大飞鱼"的深圳机场新航站楼正式启用。它是深圳有史以来单体面积最大的公共建筑，以一种谦逊的姿态融入海洋和大地，追求与自然环境的有机融合，极具现代感与艺术感。如今，这条"大飞鱼"运送旅客已超过 2 亿人次。

深圳国际机场

但是，深圳实在奔跑得太快，这条"大飞鱼"已经赶不上深圳的发展速度。"大飞鱼"设计年吞吐旅客能力为 4500 万人次，投入使用后，连续几年完成千万人次增长的"三级跳"，如今客流量已经超出了当初设计的吞吐能力。为此，深圳机场正在新建新候机楼卫星厅，计划 2021 年 6 月竣工投入，届时将新增 2200 万人次的吞吐能力。

粤港澳大湾区则为深圳机场的再度起飞提供了崭新的动力。《广东省推进粤港澳大湾区建设三年行动计划（2018—2020 年）》明确提出，要建设粤港澳大湾区世界级机场群，而深圳将成为这其中重要的核心机场。

城市群是与机场群联系在一起的，比如，美国东北部大西洋沿岸城市群拥有纽约肯尼迪机场、纽瓦克机场、华盛顿杜勒斯机场等大型国际航空枢纽。其中纽约一市六场年旅客吞吐量 1.27 亿人次，国际旅客吞吐量 5000 万人次左右；日本太平洋沿岸城市群拥有东京羽田机场和成田机场、大阪关西机场，其中东京一市两场，旅客吞吐量超过 1.1 亿人次。

世界级的粤港澳大湾区，当然需要世界级的机场群。根据预测，深圳机场 2019 年全年旅客吞吐量将突破 5000 万人次，2020 年全年的旅客吞吐量有望增加到 5500 万人次。而大湾区内地机场实现旅客年吞吐量达 1.4 亿人次。

鲲鹏展翅九万里，翻动扶摇羊角。展翅飞翔的深圳机场，将使深圳的经济发展转型与提升置于更高的全球视野之下。

深圳地铁的斯芬克斯之谜

2019 年 7 月 1 日，深圳地铁迎来了首批由来自以色列的轻轨运维项目骨干人员组成的轨道交通运营培训班成员。这为深圳地铁管理水平国际化提供了一个新的注脚。

早在 2017 年 11 月，深圳地铁集团通过国际投标，中标以色列特拉维夫轻轨红线项目。该项目全长 23 公里，设车站 33 座，沿线途经市区最繁华的商业中心地段，也将是特拉维夫都市区交通量最大的交通线路之一，计划于 2021 年正式开通运营。

这是国内轨道交通企业首度进入发达国家，也是深圳地铁集团继埃塞俄比亚首都亚的斯亚贝巴轻轨运营管理项目、越南河内轨道交通运营服务咨询项目之后正式落地的第 3 个海外项目。

为什么是深圳地铁？深圳地铁为什么甫一出世就气势非凡？它的核心竞争力究竟从何而来？改革开放初期有一本非常有名的书叫《深圳的斯芬克斯之谜》，探寻深圳何以能从边陲小镇迅速成长为现代化大都市。那么现在，我们也可以一起来挖掘：深圳地铁的斯芬克斯之谜又是什么？

顺着时间的手指往后看，2004 年 12 月 28 日，作为深圳建市以来投资最大的市政重大工程，深圳地铁一期工程通车，深圳成为中国内地继北京、上海、广州之后第四个拥有地铁的城市。

如果说创新是深圳这个城市的胎记与基因，对深圳地铁来说同样如此。可以说，一部深圳地铁的建设史、发展史，也就是一部浩荡的创新史、开拓史。

深圳地铁一期工程是国家第一个地铁设备国产化依托项目，机电设备国产化率超过 70%。深圳复杂的地质条件决定了地铁建设的高技术含量，说深圳地铁建设是地铁工程的高新技术博览会，一点也不为过。比如，为了最大限度地减少地铁建设的工程拆迁量，有效地降低工程造价，缩短建设工期，当时 1 号线国贸——老街区间隧道穿过百货广场大厦地下，采用了重叠隧道技术，并对这栋主楼高 22 层、裙楼高 9 层，地下 3 层的大厦采用了桩基托换技术，创造了世界地铁建设史和地下工程建设史上迄今为止的最大轴力的桩基托换的奇迹。

而地铁罗湖站作为深圳地铁一期工程的起点站，工程地质条件极其复杂，还存在地面建筑星罗棋布、地下管线纵横交错、施工场地狭窄挤迫、协调工作十分艰难等棘手问题。深圳地铁通过一系列技术创新与管理创新，仅用了三年半的时间，就建成了东南亚最大，集铁路、公路、地铁、公交、海关、车站于一体的大型交通枢纽工程，荣获国家工程建筑领域最高奖项詹天佑奖。

深圳地铁不但着力于技术、制度等宏大层面的创新，也秉承效益为源、公益为先的理念，着眼于在人性化、精细化管理与服务方面做文章。比如，深圳地铁率先在国内地铁引入 Wi-Fi 服务，既消除了便民盲点又形成了新的盈利模式。再比如，深圳地铁站学习香港地铁的人性化服务经验，设置了方便残障人士的垂直电梯，洗手间也有方便残障人士的装置……这样的细节，以及这种细节背后的"从心出发，为爱到达"的品牌理念，让人感受到了地铁的温度。

正是这样的宏大与细微相结合的创新之手，亮出了深圳地铁的实力"肌肉"，帮助深圳地铁敲开了国际化的大门。2013 年 12 月 2 日，深圳地铁与埃塞俄比亚铁路公司正式签署了亚的斯亚贝巴轻轨运营维护管理服务合同，合同金额 1 亿美元。它标志着深圳地铁已成功走出国门，成为中国第一家将轨道交通运营管理经验输出到国外的地铁公司。

深圳地铁集团参与埃塞俄比亚项目谈判的人士回忆说："在向深圳地铁发出邀标函后，埃塞俄比亚相关人员两次到深圳地铁考察，均表示非常满意。特别值得一提的是，埃国总理顾问事后透露，他于双方谈判期间，在我方不知情的情况下私下到深圳地铁进行了考察，认为深圳地铁运营经验丰富，是其项目的最佳服务单位。埃塞俄比亚总理也对我方在投资谈判方面表现出来的专业水平给予了较高评价。"

2013 年 5 月，李克强总理出访埃塞俄比亚在考察该项目时说，要打出中国铁路的品牌，要与非洲共享铁路建设经验，分享中国成熟技术，做好对非洲当地员工的培训，带动更多当地就业。与我国企业装备"出海"、技术"出海"相比，深圳地铁基于软实力的运营管理服务"出海"更具有意义，既提升了深圳国际化的成色，也是对李克强总理鼓励中国企业"走出去"战略意图的更高层次的诠释。

创新无处不在。值得一提的还有深圳地铁"轨道＋物业"的发展模式。该模式是从传统的政府出资主导的负债型开发模式，过渡为政府以土地、上盖物业开发等资源作为地铁建设资金来源的开发模式。

在我国大部分地区，城市轨道交通至今还被看成是一种完全的公共产品，轨道交通企业出现亏损由此也被视为理所当然。正是这种陈旧的观念约束了人们的思维与视野。而深圳地铁较早地意识到，城市轨道交通实际上是一种准公共产品，具有准公益属性，这也意味着轨道交通企业不能按市场原则定价而出现亏损，需要政府通过市场行为购买公共服务。也因此，深圳地铁一开始就为地铁上盖物业的开发打好了观念"地基"。

据了解，许多土地资源紧张的国际性大都市，都有地铁车辆段上盖开发的经验。伦敦的怀特车辆段建成了伦敦最大的零售商业综合体；东京志村车辆段开发以居住功能为主的住宅区。特别是香港地铁堪称全球城市轨道交通建设的经典之作，几乎每个轨道站点上盖都形成了多功能高强度复合的城市综合体，商住结合充分，物业长盛不衰，青年城、新翠花园等都是典型的地铁上盖物业。

早在 2006 年，深圳地铁集团就开始系统深入研究香港地铁盈利的秘诀。研究表明，香港地铁能够盈利主要在于香港特区政府赋予其地铁沿线一定范围内的物业开发权，以物业开发和经营利润补偿地铁运营亏损。

事实上，近几年来，内地一些城市都在尝试复制香港模式，但往往遭遇"水土不服"，主要原因是内地相关政策尤其是土地出让的"招拍挂"政策与"轨道＋物业"模式不兼容，造成了地铁与地面土地的割裂。为此，深圳在借鉴香港经验的同时，进行了一系列被证明行之有效的机制探索与制度突破。

比如，基于轨道交通项目的建设不可逆性和技术复杂性等原因，客观上要求上盖物业开发单位必须同时也是轨道交通建设单位。为此，深圳开创了上盖物业的定向招拍挂制度，为深圳地铁进行"量身定做"。从 2012 年底开始，深圳再次做出重大土地出让的创新和制度改革，即把土地作为国有资本，直接注入地铁企业，变土地招拍挂为直接作价出资，较之以往的出让方式显得更加简洁便利。

现在我们知道了，深圳地铁成功的斯芬克斯之谜就是创新，就是秉承这个城市改革气质而来的化蛹为蝶的改变力量。不断改变的深圳地铁，也在越来越深刻地改变着城市，重新定义人们关于深圳的描述与想象。

地铁改变了人们的生活方式，扩大了人们的生活半径；改变了城市的产业形态，使城市布局有了更广阔的腹地，使不同的功能组团更紧密地黏合在一起；改变了城市的文化形态，地铁不仅是一种交通工具，还是一个城市的文化展厅。纵观国际上一些著名大都市，无论是纽约，还是伦敦以及东京等，地铁文化都是城市文化的一个重要组成部分。在地铁文化与艺术的塑造意识上，深圳与世界没有时差……对深圳来说，这样的改变才刚刚开始。

到 2030 年，深圳将建成由 20 条地铁线组成、总长约 720 公里的轨道交通网，完成伦敦、纽约等英美大城市花费近百年时间才形成的地铁网络。因为地铁，我们将看到一个更加立体也更加动感的深圳，看到一个不断向未来延伸的地铁时代。

在自行车道上体会"慢"深圳

　　在"天上"骑行会是一种什么样的感觉——深圳在已建成 1400 余公里自行车道的基础上，将规划高品质的独立设置的城市自行车快速路，包括高架独立和地面独立，路口相交形式为立交。

　　深圳气候宜人，多中心格局压缩了刚性出行距离，十分适宜发展慢行交通。自行车最佳出行距离是 5~6 公里，有人计算过，在这样的范围内，骑自行车并不比乘公交车更费时，因为后者需要加上步行到站台以及候车的时间。

　　前些年，深圳湾、香蜜湖、盐田海滨等一批风景优美、道路设施完善的自行车道陆续进入人们视野，"深圳最美骑行路线"一度在深圳人的微信朋友圈热传。作为最具互联网气质的城市之一，共享单车的接受和使用率较高，推动自行车道以及相关配套设施的建设，是城市交通战略不可或缺的一环。

　　事实上，20 世纪八九十年代，和许多城市一样，深圳也处于自行车出行的鼎盛期，当时小汽车还不多，大部分道路都在辅道上设有自行车道。相关数据显示，1985 年，深圳自行车交通出行比例一度超过四成。

　　尔后，随着经济的迅猛发展，城市规模的迅速扩大，市民收入的不断提高，深圳道路上的汽车也越来越多。属于慢行系统的自行车，开始为城市的"快行"让道，一条又一条自行车道由此悄然消失。对于出行的"最后一公里"问题，大多数深圳人默默选择了"用腿走完"。

　　但值得一提的是，过去的这些年里，关于重建自行车专用道的呼声从来没有停止过。2006 年 12 月，作为国内首条社区自行车专用道，总长达 16 公里的华侨城自行车道正式启用。这被看成城市功能回归的一个符号。

2018 年发布的一个令人感奋的消息是，深圳将着力重构慢行系统，至 2020 年，新增 1000 公里自行车专用道，相当于 39 条深南大道。

这里面最令人关注的，恐怕就是高架自行车道了。

高架或者空中自行车道，一个想想都觉得十分美好的创意——开园数年的香蜜公园修建了一条空中长廊，可供游人漫步于树梢间，已经给人带来了一种新奇体验。试想若骑行穿梭在城市的高处，以与往常不一样的视角打量城市，那些平时熟视无睹的城市景象，会以一种全新的姿态汹涌奔入眼帘，该是一种何等的畅快淋漓与浪漫诗意？

香蜜公园空中游廊

空中自行车道也可称为自行车高速路，它与眼下常见的自行车专用道最大的不同就是拥有独立、专用的路权，全程无交叉路口，无红绿灯，也因此无拥堵、塞车之虞。

其实，某种程度上可以说，修建自行车高速路正成为一种世界潮流。早在 2012 年，丹麦就开通了一条长达 17.7 公里的"自行车超级高速路"，从哥本哈根直通邻市阿尔贝特斯隆。2016 年 1 月，德国启动了"1000 公里自行车高速路工程"，在德国人口最密集的莱茵河流域建立一条封闭式自行车高速路，连接 12 个城市和 4 所高校，可满足附近 200 万居民的通勤需求。英国伦敦也将在未来修建 10 条空中自行车道，总长 221 公里。

对深圳来说，一个创新城市、一个重视循环经济的城市、一个现代化气息与茂盛草木兼容的城市，一条空中自行车道便可将这三者联系贯通起来。空中自行车道所独有的张扬着速度与激情的蓬勃气息，与这个年轻城市的整体气质是相互吻合、相互印证的。"你站在桥上看风景，看风景的人在楼上看你"，它将在让人换一个角度欣赏城市风光的同时，本身也成为一道别致的城市风景。

此外，深圳还着力打造包括步行在内的慢行系统，让城市"慢"下来。很多国际大都市都有发达的慢行系统，比如，纽约曼哈顿慢行系统行人优先，设立与周边建筑首层餐厅、零售业相结合的步行道，展现街道活力，慢行出行空间与环境十分友好。台北信义 CBD 发展空桥慢行交通系统，与台北捷运站连通，改善信义商圈内人车交织的情况。香港中环在地下和空中开辟步行空间，通过空中连廊连接了周边 30 座高层建筑和公共交通枢纽，形成庞大的立体慢行系统。慢行之于城市，除了工具理性，更有对"人"本身价值和地位的体认和尊重。

2014 年，国际环保组织"自然资源保护协会"在北京发布《中国城市步行友好性评价体系》，满分 100 分。深圳以 67.83 分的成绩在 35 个测评城市中排名第二，被评为"非常适宜步行城市"。在借鉴上述国际知名城市相关经验的基础上，深圳进一步通过多重措施打造"可行走"城市。

　　比如，在核心区域推进二层连廊/地下通道建设；持续优化片区级地面慢行网络；完善干道立体过街设施；研究自行车专用快速通道的规划建设等。深圳明白，国际化不仅仅意味着摩天楼群、马路上的滚滚车流，也意味着在城市大街小巷里的惬意"行走"。"行走"不仅仅是一种出行方式、锻炼方式，更是一种生活方式，赋予生活一种张弛有度的美好节奏。

　　当然，从根本上讲，自行车专用车道以及整个慢行系统的逐步回归，不仅仅是一个交通规划问题，也是一个发展理念问题，是更加重视个体价值与尊严的问题。一个懂得"慢"下来的城市，一定是一个具有现代性和人文价值的城市。

深圳，深圳
Shen zhen
Shen zhen

第六辑

高交会：城市的另一棵"荔枝树"

在深圳，"荔枝节"可能是一个暴露或者测试年龄的题目。很多人知道高交会，但未必知道它的前世跟荔枝节有关。从一个以岭南水果冠名的节日到中国科技第一展，这样一种身份切换，也是关于深圳发展的一个巨大隐喻。

"日啖荔枝三百颗，不辞长作岭南人。"20世纪80年代后期到90年代，荔枝节是深圳一年一度的城

1988年6月深圳市第一届荔枝节开幕（何煌友摄）

市嘉年华。当然，这个节日并不是专卖荔枝的，而是以"荔枝"为主题，开展各种形式的经贸、文化联谊活动。

变化，来自新旧世纪交替之际。

据时任深圳市市长李子彬回忆，1998年4月27日，深圳市的主要领导带队到大连学习考察，恰逢大连正在搞"国际服装节"。那么，深圳的城市节日是什么？答案有点尴尬，发展了近20年的经济特区，一批高科技企业也已崭露头角，但其时，深圳能够拿得出手的，只有一个荔枝节。

考察归来，深圳市主要领导就提出，延续科技创新的改革之路，经济特区要办一个"科技节"，搭建自己的科技舞台。而且时不我待，1999 年就要举办。后来，更进一步将其定名为中国国际高新技术成果交易会。

但当时深圳连一个像样的展览馆都没有，办高交会一切需要从零开始。最后，深圳决定，在今天的深圳证券交易所新大楼的位置，临时建一个大型场馆，专门用来举办高交会。直到 2006 年，这座临时展馆才被拆除。

这里面还有一个插曲。1999 年 1 月，IBM、SONY 相关高层到展馆参观，却发现场馆还是一片草地，而当年 10 月就要举办高交会。不少人因此失望离去。上千名建设者日夜奋战，180 多个日夜过去，一座崭新、现代化气息浓郁的临时场馆就伫立在深南大道畔。同年 7 月，IBM 高层再次应邀前来参观，看着拔地而起的建筑，连声说："这是个奇迹！这是个奇迹！"

1999 年 10 月 5 日—10 日，首届高交会如期开幕。开幕式上，时任国务院总理的朱镕基出席并宣布："为了促进中国与世界各国的经济技术合作，中国政府决定每年在深圳举办中国国际高新技术成果交易会。"

高交会一出世就卓尔不群，风华正茂。与以往主要以"展示"为主的展会不同，它突出高新技术成果"交易"这一环节，将成果交易与产品展示有机结合，并率先提出了"成果交易与风险投资相结合"的交易形式。当年参展企业达 2856 家，参展项目 4150 个，到会投资商 955 家，5 个外国政府团组，26 个国家和地区的 86 个代表团，32 家世界著名的高科技跨国公司，全国 31 个省、自治区、直辖市和港澳台地区及 22 所著名高校、4 个国家部（院）组团参加了展示交易洽谈，成交额 64.94 亿美元——高交会果然姓"高"。

数字背后隐藏着无数传奇故事。说起高交会效应，有人会想起这样一个例子：东北一家工厂在首届高交会上相中了一项技术，双方一聊才发现，签约双方竟在同一个城市，相隔不过两条街。

当然，更令人津津乐道的，是腾讯的经典创业故事。

1999 年，首届高交会举行之际，正值腾讯成立一周年，也是腾讯发展举步维艰的时期。同年推出的 QQ 已经有了 500 万用户，远远超出了马化腾的预期，也导致公司服务器因大量下载不堪重负。腾讯的创始人团队"倾家荡产"，或是接了无数项目凑钱为 QQ 买服务器维持流量，但 QQ 如同一个巨型流量黑洞，只见投入，不见回报。

"因为当时 QQ 还没有起来，还没有融资，我们基本做大量的系统集成，包括帮别人做网页这样的一些小项目来养活这个不断消耗我们服务器资源的 QQ，但是不知道它的商业模式是什么，所以那段时间是最痛苦的。"马化腾曾在接受央视采访时，如此回忆腾讯经历的这段"至暗时刻"。

天无绝人之路，首届高交会，为腾讯打开了一扇命运之门。高交会上，腾讯在租来的柜台展示其即时通信工具 OICQ。腾讯主要创始人之一的陈一丹回忆说："为了吸引观众，我们烧制了 1000 只企鹅陶瓷储钱罐当礼物派送，没想到小企鹅大受欢迎，于是便以 5 块钱、10 块钱的价格出售，最后销售一空。"

这只能算是一个小"甜点"。更大的好消息是，马化腾拿着改了 66 个版本、20 多页的商业计划书，跑遍首届高交会各展馆推销 QQ 和腾讯，最终引起了 IDG 和盈科数码的兴趣，拿到了腾讯公司发展史上最为关键的第一笔风险投资——IDG 与盈科数码共同投资的 220 万美元。

凭着这笔来自高交会的风投，腾讯渡过了创业之初的难关，最终发展为全球领先的互联网生态型公司。

当然，首届高交会上，类似这样的故事，并非腾讯的"独家专利"。1999 年，"世界优盘之父"邓国顺和合作伙伴成晓华研发出了全球第一款

USB闪存盘，并将其名为"优盘"，但他们马上面临下一个难题——没有资金推广。他们先后找过国内几家知名大公司，但无人问津。就在他们准备放弃的时候，深圳将举办首届高交会的消息传来，他们决定去碰碰运气。

邓国顺回忆："当时，参展报名已经接近尾声，而且没有人知道'优盘'是个什么东西。我们几乎不抱任何希望。但高交会组委会留学生组负责人看到了我们的项目后，当即同意给我们提供免费展位，还安排了食宿，也是免费的。就是这个机遇为朗科开创闪存盘产业打开了大门。"

西汉司马相如《上林赋》中，将"荔枝"写作"离支"，割去枝丫之意。原来，古人已认识到，这种水果不能离开枝叶，假如连枝割下，保鲜期会加长。明代李时珍在《本草纲目·果三·荔枝》"释名"中写道："按白居易云：若离本枝，一日色变，三日味变。则离支之名，又或取此义也。"——深圳离不开高科技，高科技离不开高交会，犹荔枝离不开枝叶也。从这个角度看，高交会就是深圳的一棵挂满了累累硕果的"荔枝树"。如今，高交会已成为名副其实的"中国科技第一展"，相信拔节生长的高交会将越来越高、越来越新，与世界、与未来更紧密地对接在一起。

重大创新是"无人区"的生存法则

　　2019年3月，深圳科技界静悄悄地发生了一件大事——"深圳内尔神经可塑性实验室"落户中科院深圳先进技术研究院。该实验室由诺贝尔生理学或医学奖获得者厄温·内尔教授领衔，拥有近30人的全职研究团队，以神经可塑性、药物靶点及神经发育疾病为主要研究方向，并将支持和参与国家脑计划的推动和脑科学领域的国际合作，在自闭症、老年痴呆、脑卒中、抑郁症、语言障碍等五大神经系统疾病方面开展机理及诊治新策略研究。

中科院深圳先进院内尔神经可塑性实验室授牌仪式

这也意味着，深圳授牌诺奖实验室已增至六个。它们分别是依托南方科技大学组建的格拉布斯研究院，依托深圳中光工业技术研究院组建的中村修二激光照明实验室，依托香港中文大学（深圳）组建的科比尔卡创新药物与转化医学研究院及瓦谢尔计算生物研究院，依托清华大学深圳研究生院 / 清华伯克利深圳学院组建的盖姆石墨烯研究中心，以及依托先进院组建的深圳内尔神经可塑性实验室。

科技是第一生产力，科技创新显然是检验城市创新实力与前景的重要标准。如果可以用平地、山谷、高原等地理概念来形容科技创新水平的话，深圳无疑占据了我国科技创新的高原地带，国家"十三五"规划纲要明确提出，要"加快深圳科技、产业创新中心建设"。这样一种"点名"，就是对深圳在科技创新领域所达到高度的肯定。

但是，在这个科技力量呈加速度运行的时代，深圳不仅需要创新高原，也需要更多直立在这高原之上的创新高峰——所谓登高望远，站上科技创新的群山之巅，深圳才能获得更宽广的创新视野，更好地把握世界科技的创新脉动。上述六大诺奖实验室，无疑就是深圳科技创新领域的六座山峰。

我们不妨从首个诺奖实验室说起。

2007 年，中科院先进院还在蛇口一栋租用的工厂厂房里办公，实验室还为没有一件像样的实验仪器而苦恼。就在这时候，在加州大学戴维斯分校完成了一年多博士后研究的郑海荣决定回国发展。他参加了中科院到美国加州举办的招聘会，几天后他便接到了 AF 教授（兼职教授）梁志培的电话："我们正在深圳组建一个以 2003 年诺贝尔生理学或医学奖获得者劳特伯名字命名的实验室，希望将其办成一个世界一流的医学成像研究中心，邀请您加盟。"

劳特伯是磁共振成像的发明人。国际医学影像学术领域非常看重"劳特伯"的声望。而曾任国际 IEEE 生物医学工程学会主席的梁志培是广东人，他是国际磁共振领域的知名专家，也是劳特伯先生的弟子，他说服劳特伯做出了在深圳设立实验室的决定。

2007 年 8 月，先进院医工所在深圳宣布成立，劳特伯教授的夫人和女儿来到现场，并将诺贝尔奖章和奖牌赠予先进院，支持以劳特伯名字命名实验室，以激励中国发展世界一流的医学影像科技。

郑海荣来到深圳后，劳特伯成像实验室也开始了紧锣密鼓的建设。如今，郑海荣已成为实验室主任，而这间以诺奖得主命名的实验室，也从在蛇口租用的厂房里办公，到组建多个国家级科技平台；从没有一件像样的实验仪器，到自主研发高端医学影像技术与装备，不断发力源头创新，大量高端医学影像科研成果成功实现了产业化……一座新的科技创新高峰由此拔地而起。

此外，深圳盖姆石墨烯研究中心由深圳市政府投资建设，主要目标是攻克以石墨烯为代表的二维材料在基础前沿科学研究和高端产品产业化过程中面临的关键难题，发展成为集新型二维材料及器件研发、标准化制定、产业化检测等国际顶尖的多功能研究平台。

香港中文大学（深圳）瓦谢尔计算生物研究院的目标是组建世界上最先进的计算生物学研究中心，围绕深圳市生物医药产业，开展尖端生物科技领域技术研究。香港中文大学（深圳）科比尔卡创新药物开发研究院将围绕天然药物（植物药、抗生素、生化药物）、合成药物和基因工程药物，在医药领域开展各类基础研究和应用研究，并将积极与世界顶尖药企开展合作，加快创新药物产业化……作为国际顶尖科学家，诺奖科学家往往代表了其研究领域的最高水平。

事实上，世界上著名的科研实验室，往往是所在城市或者所在大学的一个重要标识。比如，加州大学伯克利分校的劳伦斯伯克利国家实验室由 1939 年诺贝尔物理学奖获得者劳伦斯建立，是美国乃至世界核物理学的圣地。此外，麻省理工学院的林肯实验室、乔治华盛顿大学的国家碰撞分析中心等，都在业界具有举足轻重的地位。连弹丸之地的香港，也聚集了全世界顶尖的科研机构项目。

值得一提的是，除了诺奖科学家实验室之外，深圳还拥有包括华大基因农业组学国家级重点实验室、依托深圳光启高等理工研究院建设的超材料电磁调制技术国家重点实验室等在内的多个国家级重点实验室。随着基础科研国家队纷纷落户深圳，海归创新团队接踵而至，公共科研平台不断完善，深圳以往以企业研发为主体的局面正在悄悄改变，专业科研院所、顶尖国内外专家已成为深圳引领自主创新的重要驱动力。

任正非曾经说过，重大创新是"无人区"的生存法则，深圳科技创新在保持领跑意识的同时也要保持忧患意识。即使进入"无人区"，也要以不断创新来应对日趋激烈的全球科技竞争——深圳需要"深"度，扎根草根创新的土壤；也需要"高"度，不断探索"无人区"，不断隆起科技创新高峰，城市将因此而瞭望得更远。

深圳，一个离"老板"最近的地方

深圳也许是一个离"老板"最近的地方。

在深圳，如果你想创业或办企业，或者当个体工商户，不必出门，在家"刷脸"就能搞掂注册事宜——从 2019 年 1 月起，企业主和个体工商户通过微信"工商电子营业执照"或支付宝"电子营业执照"小程序，完成"刷脸"授权验证后，在"企业登记地"一栏选择"深圳"，就可随时领取电子营业执照，并可在线查看、出示、下载、打印、验证，免去到注册大厅办理之苦。

这是深圳提高商事登记便利度，提升政府服务效能的又一次发力。

2013 年 3 月 1 日，我国首部商事登记法规《深圳经济特区商事登记若干规定》正式开始实施。新的商事登记制度同以往最大的区别在于，简化了前期审批程序，从"审批许可"改为"核准登记"，颠覆了以往"重审批轻监管"的现状，大大降低了商业活动的准入门槛和公共管理成本。

实际上，商事登记制度改革不仅仅是一个登记方式的变化，更是为社会、市场、政府这三者之间建立一个全新关系而进行的一次探路。在商事登记制度改革倒逼之下，深圳 27 个行政许可审批部门对各部门的审批项目进行了梳理，涉及改革的有 130 个审批项目。权力与权利的边界变得更加清晰，市场社会有了更多自由发育的空间。

2014 年 3 月，央视《新闻联播》在显要时段播出了《深圳：做小权力清单，做大服务清单，简政放权，改革再出发》的报道——深圳商事登记制度改革就是简政放权的具体表现。让政府的归政府，市场的归市场，社会的归社会，建设"大社会、好社会"，"小政府、强政府"，一直以来是深圳的改革共识。

这样一种改革共识，或者说，这样一种对市场、对民众创造力的尊重，最终形成了城市一流的营商环境。

"营商环境"是近年来的热词，它事关城市长远竞争力，也是比拼彰显制度优越性的公平赛道。世界银行的报告表明，良好的营商环境会使投资率增长 0.3%，GDP 增长率增加 0.36%。

2018 年 7 月，新华社发布了《新华中国营商环境指数》，深圳位列第一。当年 12 月，粤港澳大湾区研究院发布《2018 年中国城市营商环境评价报告》，对全国直辖市、副省级城市、省会城市共 35 个大中城市的营商环境进行了评价，深圳居首。深圳每 1000 人的市场主体数有 244 个，是京沪的 2 倍以上。深圳一年内增加的市场主体数，甚至达到了一些省会城市全部注册市场主体累计的总和。

2019 年 2 月，普华永道发布前海蛇口自贸片区营商环境综合评估结果，如作为一个独立经济体参与排名，前海在全球 190 个经济体中排名第 31 位，首次跻身全球 50 强水平。

透过这样的数字，我们不难感受到城市热气腾腾的商业场景，感受到城市为提升营商环境所做出的努力及其所带来的奔涌不息的市场活力。

2019 年 4 月，深圳市委书记王伟中在《人民日报》上撰文，从一张复印件开始谈营商环境改革的重要性："一张小小的复印件，是群众对窗口服务最直观的感受，背后折射的是一个城市营商环境尤其是政务服务水平。因为部门之间的信息壁垒，导致群众办事需要反复提交各种各样的复印件，有的市民甚至因为复印件的模板不被认可，导致重新复印、重新排队。这种现象要坚决扭转。这不仅考验部门打破'信息孤岛'的水平，更检验'以办事者为中心'的政务服务理念和水平。我们要以一张复印件的'小切口'，推动政务服务'大提升'、营商环境'大变革'。"

事实上，2018 年初，深圳就对标国际化高标准的投资贸易规则，出台《关于加大营商环境改革力度的若干措施》，从贸易投资环境、产业发展环境、人才发展环境、政务环境、绿色发展环境和法治环境等 6 个方面，提出 20 条改革举措、126 个政策点，可谓干货满满。

稍稍梳理一下便不难发现，其中不少措施以世界银行营商环境评价体系为参照，重在改革上发力而不是突出优惠政策。比如，深圳企业反映较突出的成本上升问题在《若干措施》中得到了积极回应，深圳将全方位降低企业运营成本和税费负担，预计能为企业减负高达约1300 亿元。

为营造良好的创新范围，该《若干措施》提出实施最严格知识产权保护，率先实施惩罚性赔偿制度，加快知识产权保护立法，在提高知识产权损害赔偿标准、加大惩罚性赔偿力度、合理分配举证责任等方面先行先试。

为进一步建设一体化、扁平化、集约化的现代化服务型政府，深圳市政府还通过统一集成化电子政务平台，实现全流程网办、网上申报、证照快递送达等多种方式的"不见面审批"政务服务。2018 年 6 月，发布 100项"不见面审批"清单；8 月，再次发布 200 个"不见面审批"事项清单……齿轮上的深圳在加快运转，创业的种子在加速拱出湿润的地面。

说到这里，还不能不提及一个有意味的新闻——"2018 广东省百强民营企业"榜单中，深圳上榜 40 家，成为入围"大户"。前 10 强分别是华为、正威、恒大、万科、美的、碧桂园、雪松、TCL、比亚迪和阳光保险，深圳也占据了半壁江山。深圳民企的强大实力以及蓬勃活力，由此可见一斑。

事实上，很少有哪个城市的发展像深圳这样，与民营企业、民营经济有着如此紧密的联系。那些大家耳熟能详的深圳名企，无论是老牌企业还是新兴企业，无论是"巨无霸"还是"小而美"，它们往往有一个共同的身份，那就是民企。一部城市发展史，也就是一部民企成长史。

而深圳之所以能够催生出大批优秀乃至卓越的民营企业以及企业家，正是源于深圳持续简政放权、持续构建现代服务型政府、持续优化营商环境。将来，在足不出户而得以注册成为"老板"的人那里，在"秒批"落户的大学生手中，一定会产生新的巨无霸企业，诞生新的有世界影响力的企业品牌。

因为，这是一个离"老板"最近的地方。

总部经济之都，关于深圳的另一种定义

2016 年 11 月 11 日，正是一年一度的"双 11"购物狂欢节。当日下午，阿里巴巴董事局主席马云突然现身深圳后海，宣布深圳阿里中心正式建成启用，深圳也是阿里继杭州、北京以外拥有自己办公置业场所的第三个城市。

马云在启动仪式上表示："新制造的重中之重在广东，深圳今天具备新制造能力，我们将把物联网、未来智慧制造的东西都落实在深圳。"

有意味的是，腾讯新总部大楼与深圳阿里中心仅有几街之隔。在这里，你还可以看到百度国际总部上巨大的 Logo。互联网企业中大名鼎鼎的 BAT，以这样一种姿态，在深圳形成掎角之势抑或攻防之势。

深圳就像一座巨大的磁场，不仅吸引了四面八方的人才向她奔赴而来，也吸引了四面八方的企业在她的旗杆下聚集。总部经济，越来越成为人们理解深圳经济奥秘的一把钥匙。

事实上，在深圳阿里中心启用半个月之前，手机芯片"一哥"高通已宣布在后海设立深圳创业中心。截至目前，微软亚太研发集团南方总部、IBM 全球采购中心、甲骨文中国研发中心、沃尔玛中国总部、UPS 亚太航空转运中心等跨国公司均在深圳设立地区总部。

而你若从空中俯瞰，会进一步发现，自位于福田核心区的平安金融中心开始，一路向西，大约 16 公里便可抵达前海。密集的摩天楼群中，平安集团、腾讯、招商银行、正威国际、恒大集团等商业巨头的总部大楼均分列于这条轴线上。根据 2019 年版的《财富》世界 500 强榜单，上述 5 家企业统统入围。加上总部位于盐田的万科和总部位于龙岗坂田的华为，7 家世界 500 强企业总部位于深圳。其中，平安集团、华为公司、正威国际是中国最大的 3 家民营企业。除了恒大集团外，其余 6 家均为土生土长的深圳本土巨无霸企业。

此外，深圳拥有 17 家基金公司总部，全国有三分之一的创投企业总部均设在深圳。还有一个数字可以说明总部经济之于深圳的分量——目前深圳拥有 379 家上市公司总部，这个数字超过了香港和上海、北京，全国第一、全球第三，仅次于纽约和东京。很多总部企业都在以深圳为圆心向外辐射。

说深圳是"总部经济之都"，是一种客观描述而不是一种夸张。

这得益于深圳对总部经济之于城市的重要性的超前眼光。

总部经济究竟有多大的威力？以北京为例。一组可供参照的数字是，截至 2016 年 5 月底，符合北京产业定位的总部企业累计 4007 家，占北京市企业总数不足 1%，但资产占全市的 73.4%，营业收入占全市的 66.8%，实现利润占全市的 89.4%。总部经济巨大的聚合效应可见一斑。

相比央企林立的北京，深圳缺少那种独有的总部经济资源禀赋，但正因为如此，深圳秉承敢闯敢试的特区精神，较早地就发展总部经济进行布局。

早在 2008 年 1 月，深圳就下发了《关于加快总部经济发展的若干意见》，提出积极引进国内外大型企业来深设立总部或地区总部。2012 年 8 月出台的《深圳市鼓励总部企业发展暂行办法》提出，新设立的或由原注册地迁入的符合一定条件被认定的总部企业，直接给予经济鼓励。而且，对总部企业提供自用办公用房补贴，并通过对大型企业提供便利直通车服务以及引导金融机构加大对总部企业的信贷投放等方式，为总部企业营造良好的投资发展环境。

2013 年，深圳出台的《深圳湾超级总部基地控制性详细规划》提出，超级总部基地是城市在全球经济产业链条中最终极地位的典型代表，是未来深圳发展成为世界城市的一个功能中心。除深圳湾之外，深圳重点打造的总部基地还包括福田中心区、后海中心区、留仙洞片区和龙华核心区。深圳通过总部经济抢占价值链高端的雄心，于此显露无遗。

深圳湾总部基地

根据深圳 2015 年度总部经济企业奖励与补助申报和核算办法，列入总部经济企业名单的企业，最高可领 2000 万元贡献奖。2016 年出台的《关于支持企业提升竞争力的若干措施》提到，将加大对中央企业、知名跨国公司、中国企业 500 强等大型企业的引进力度。对中央企业迁入或在深圳新设立公司的、大型企业迁入并达到总部企业认定标准的，采取"一企一案"方式给予综合支持。其中，针对央企，深圳安排了大型央企总部股权合作资金 100 亿元。

　　引进之外，深圳更看重培育属于自己的超大型企业，尤其是世界 500 强企业。10 年前，深圳只有平安集团一家世界 500 强企业，2015 至 2017 年，分别为 4 家、5 家和 7 家，基本上保持了一年增加 1 家或 1 家以上的速度。深圳在"十三五"开局之年曾提出，到 2020 年，深圳要培养出 8—10 家本土"世界 500 强"。

　　根据近年来《财富》世界 500 强企业的入围门槛，以按企业年度营业收入计，2013 年到 2015 年，在 230 亿美元以上，2016 年下降至 209.2 亿美元，2017 年回升至 216.09 亿美元，按现行汇率粗略计算，近年的入围门槛在 1300 亿—1500 亿元人民币区间。而深圳的比亚迪和招商蛇口的营收都达到了千亿元以上。

　　在业内人士看来，深圳还有一大批"种子企业"，有望近年向世界 500 强发起冲击，它们分布在新能源、智能制造、供应链、金融等领域，如中广核、中集集团、腾邦、顺丰、怡亚通、大疆科技等，都是有待破土而出的"种子"。

　　毫无疑问，对致力于建设世界级城市的深圳来说，需要更加强劲的总部经济、更加庞大的世界 500 强队伍来匹配。如果说每一家超级企业总部是一座高山的话，深圳经济恰恰处于这样的群山之巅。

中国"最牛街道"之为什么

2019 年 5 月，深圳市南山区粤海街道不小心成了"网红"，被称为中国"最牛街道"。一个在网上流传甚广的段子说，从中兴、华为，再到大疆，美国的"封杀"一直没有超出粤海街道办的范围。"美国"和"粤海街道办"也由此登上微博热搜。

有网友称，去北京玩，走在长安街上，不经意就会经过一家部级单位；而如果走在深圳市南山区粤海街道，不经意就会路过一家上市公司——截至 2019 年 4 月底，粤海街道办辖区上市公司多达 112 家，总市值达到了 4.85 万亿元。与此相对应的一个数字是，杭州市全市的上市公司总市值为 5.3 万亿元。

深圳南山区粤海片区

粤海街道辖区的上市公司中，包括市值超过 3 万亿元人民币的腾讯控股及中国恒大、迈瑞医疗等多家千亿市值公司。金蝶软件、大族激光、金证股份、海能达、长城科技、柔宇科技、创维、康佳……每一家上市公司，都是响当当的品牌。

尽管粤海街道办已官方澄清称，中兴、华为和大疆三家企业均已搬离该街道，但它们在粤海从无到有、从小到大、从大到强却是不争的事实。

粤海街道辖区面积为 14.23 平方公里，常住人口为 20.5 万人，生产总值高达 2509 亿元，占了南山区的半壁江山。如果把粤海看做一座城市的话，其生产总值轻松跻身全国 100 强。很多人想不到，开车 10 分钟就能逛一圈的"弹丸之地"，却隐藏着足以"影响全球"的力量。

粤海街道办的一个公务员感慨：这里每天都在经历潮汐式的人流、车流，上班时车从四面八方哗啦啦地涌过来，下班时就像退潮似的。以至于很多人下班以后不敢马上走，要在办公室待上半个小时。从无数高科技公司门口汇集而成的人流，隐藏着粤海街道深不可测的实力。

但事实上，在深圳，粤海街道并不是一个孤独的绝世高手，像它一样低调而实力强劲的同门兄弟式的街道，还有不少。

比如，深圳龙岗区也藏着一个功力相当厉害的角色，它就是坂田街道，华为真正的总部所在地。坂田街道面积 28.51 平方公里，2018 年坂田街道生产总值达 2408.55 亿元，与粤海街道十分接近。假如把坂田看作一个城市的话，它的经济体量同样可以轻松挤入全国城市生产总值前 100 强。

目前，坂田街道已成功打造以华为为核心的"一核四翼"产业布局。其中，北翼有天安云谷智慧园区、宝能工业园区两大园区；同时，依托天安云谷、元征工业园、神舟智园等载体，打造以云计算、互联网等信息产业为主导的"互联网 +"小镇示范区，成为创新引擎。

坂田街道还有号称中国"最高学历"的城中村——马蹄山村。马蹄山村就在华为总部旁边，随着华为员工的增多，华为自有宿舍供不应求，租房需求旺盛。当地村民表示，这里的房子很多都是租给华为的年轻员工，他们大都具有本科以上学历，其中不乏大量名校的硕士、博士以及一些海归人员。因此，除了坊间流传的"中国学历水平最高的城中村"，马蹄山村还集"中国最聪明的 IT 城中村""中国智力最集中的城中村""为中国财政贡献最大的城中村"等美名于一身。

有个成语叫"沧海桑田"，恰好将"粤海"与"坂田"包含在内。我们可以将这看成是一个隐喻，无论是粤海街道，还是坂田街道，都是深圳这个创新之城蜕变的一种象征。

据中国基金报统计，2018 年深圳上市公司总市值再破 10 万亿元，在全国仅次于北京，相当于 4 个成都或近 6 个西安的上市公司总市值。如果扣除央企之后，深圳的总市值仍有近 9.5 万亿元，超过北京的 7.5 万亿元、上海的 6.04 万亿元，居全国第一。

四十年沧海桑田，正是科技创新为深圳的华丽转型注入了源源不断的活力。关于科技创新，在深圳有"6 个 90%"的著名说法：90% 以上的创新型企业是本土企业、90% 以上的研发机构设立在企业、90% 以上的研发人员集中在企业、90% 以上的研发资金来源于企业、90% 以上的职务发明专利出自企业、90% 以上的重大科技项目发明专利来源于龙头企业。创新是一根链条，或者说，创新也需要一种气场，这样一种对接市场的澎湃创新活力，带来了创新力量的聚合，形成了创新的聚集效应或曰磁场效应。

在这里，也许还需要提及创新的"雨林效应"。"雨林效应"指的是，要想在密林里获得生存空间，要么依附于地皮，成为苔藓类植物，虽获生存却不见天日；要么集中力量、创造优势，长高长粗从而得到阳光雨露的滋润。科技创新同样如此，要赢得市场，就必须保持研发领先，加速创新要素的整合与迭代。

　　应当看到，粤海街道、坂田街道孵化的一批顶级科技企业背后，是整个深圳在研发投入上的高强度。仅 2017 年，深圳科技研发投入总量超过 900 亿元，生产总值占比提升至 4.13%。深圳的 PCT 国际专利申请量，多年来稳居全国大中城市第一位。因为技术加持，深圳也是全国生产总值含金量最高的城市之一。

　　也正因为深圳已经形成了一个庞大的、有竞争力的高新技术产业生态，它吸引着越来越多的世界级科技公司和世界级人才加盟，越来越多的世界 500 强企业选择来深设立硬件创新、研发中心，跨国公司投资的科技含量和规模不断提升。

　　英国《经济学家》周刊曾于 2015 年 4 月刊发了一篇文章，里面写道："全球四分之三的国家拥有至少一个经济特区。全世界现有大约 4300 个经济特区，这个数字还在不断上升……最突出的莫过于中国香港附近的那一个，它建立于 1980 年，后来被称为'深圳奇迹'。"

　　华为的任正非曾在一次记者见面会上透露说，他很喜欢一幅照片——一架在二战中被打得像筛子一样的飞机。这架伊尔 -2 飞机尽管浑身弹孔累累，但依然坚持飞行，最终安全返回。"我在网站上看到这张照片，觉得很像我们公司的情况，就发给大家。我们现在的情况就是一边飞一边修飞机，争取能够飞回来。"

　　这是华为的成长密码，也是深圳的精神标识。

深圳，站在大学的肩膀上眺望

2019 年 6 月 19 日，QS 全球教育集团正式发布了 2020 年世界大学排名，深圳大学首次上榜，世界排名 731，在中国内地高校中排名第 36 名，在广东高校中位列第三。

自此，在公认的四大权威世界大学排名——泰晤士高等教育世界大学排名、USNews 世界大学排名、QS 世界大学排名、软科世界大学学术排名榜单上，深圳大学均已进入主榜。通过高水平大学建设的持续推进，深圳大学已成为"内地进步最快的高校之一"。

让我们一起来看一看这所大学的成长史。

这是一所与城市共同成长的大学。1980 年，深圳经济特区建立，三年后深圳大学诞生。从 1983 年 1 月决定筹办，到 9 月 27 日深大开学、第一批 210 名本科生到校上课，仅用了 8 个多月时间，创造了高等教育史上的"深圳速度"。

深大曾以"没有围墙的大学"而闻名全国，成为深圳高校乃至深圳开放的象征。而相比有形的围墙，深大最大的开放是心灵和理念的开放。创立之初她就进行了一系列大刀阔斧的改革，迅速成为公众关注焦点。如取消毕业包分配，让学生自主择业；建立勤工俭学制度；在学校成立"学生智囊团"，直接参与学校高层决策等，都开一时风气之先。

余秋雨曾写过一篇文章《十万进士》，读来令人荡气回肠。而 30 多年来，也有 10 万名毕业生从深大走向社会各个领域，腾讯的马化腾、巨人网络的史玉柱、缔造红豆王国的周海江……深大的校友通讯录上，镌刻着一个个闪亮的名字，共同书写着一所年轻大学的传奇。

深大拾级而上的姿态，只是深圳这些年来跨越式发展高等教育的一个缩影。

一流的城市需要一流的大学为依托。比如，弹丸之地的香港，就有香港大学、香港科技大学、香港中文大学等多所大学跻身亚洲大学排行榜前列。对致力于成为国际化大都市的深圳来说，缺少分量足够重、数量足够多的与城市经济实力相匹配的大学群落，一直是深圳发展的"阿喀琉斯之踵"。

也因此，近些年来，深圳通过自主举办与合作办学并举的途径，加快建设国际化开放式创新型高等教育体系，不断扩张自己的高校版图。

深圳大学城航拍图

2012 年后，南方科技大学、香港中文大学（深圳）、中山大学·深圳、深圳北理莫斯科大学、哈尔滨工业大学（深圳）共 5 所高校获教育部批准正式设立招生；借鉴德国、瑞士等世界高水平应用技术大学经验，高标准、高起点建设深圳技术大学；与清华大学、北京大学、中国科学院大学等国内名校签署合作文件，共建深圳校区；加快推进清华－伯克利深圳学院、天津大学－佐治亚理工深圳学院、深圳墨尔本生命健康工程学院等特色学院建设……可谓大动作不断，优质高教资源在深圳加快集聚。

尽管高等教育发展有其自身规律，但从国内外一些大学发展的实践看，并非没有超常规发展的先例可循。近者如香港科技大学，建校仅十几年就跨入了世界百强大学行列；远者如英国沃克大学，短短30多年办学历史就创出了世界一流的奇迹。而今，深圳又为这样的论断增加了新的注脚。

以诞生之初就肩负高等教育综合改革使命的南方科技大学为例。南科大在招生改革、学生培养、现代大学制度探索等方面为中国高等教育改革做出了许多有益探索。比如，完善大学治理结构，在全国率先出台针对高校管理的规章——《南方科技大学管理暂行办法》，规范学校与政府、社会之间的关系；建立理事会制度，在国内公办高校率先探索形成党委领导、理事会决策的校长负责制；率先实行综合评价录取模式，这一做法被许多自主招生高校复制。

2018年9月，泰晤士高等教育世界大学排名发布，建校仅6年的南方科技大学首次上榜，位列中国内地高校第八位，也是中国新上榜大学中排名最高的大学。《泰晤士高等教育》全球排名主任编辑费尔巴蒂忍不住感慨："这对十 所年轻的大学来说是了不起的成就，更体现了中国出色的科研与教学水平。"

不仅如此，南科大2018年还获批四个 级学科博士学位授予点，创国内高校最短纪录。

香港中文大学是全香港唯一一所实行书院联邦制的大学，被认为是亚洲最优秀的大学之一。香港中文大学（深圳）成立于2014年，经我国教育部批准，按照中外合作办学条例而设立。她沿袭了香港中文大学的办学理念和学术体系，采用香港中文大学的学术质量控制和学位颁授标准，以立足中国、面向世界为己任，致力于培养具有国际视野、中华传统和社会担当的创新型高层次人才。

2018年，香港中文大学（深圳）亮出了自己的成绩单，用数据让外界认识了一个真实的她——271名首届经管学院的本科毕业生中，有65%的同学选择了海外深造留学，35%的同学选择了直接就业。在选择留学的毕业生中，人均收到3个以上世界知名大学的录取通知书，其中超过41%的录取通知书来自于美国的知名大学，比如耶鲁大学、哥伦比亚大学、康奈尔大学、杜克大学等，并且其中部分学生直接被世界著名高校的博士项目录取。

在选择直接就业的毕业生中，从行业分布上看，以投行、银行、会计师事务所、咨询公司、互联网、快速消费品等行业为主，中国国际金融有限公司（中金）、汇丰银行、中国银行香港分行、宝洁、可口可乐、思略特、腾讯、华为等成为录取港中大（深圳）首届毕业生最集中的单位——这是寻常新高校难以企及的"高光"时刻。

尤其值得一提的是，2018年3月，香港中文大学（深圳）切哈诺沃精准和再生医学研究院宣布成立。这是继香港中文大学（深圳）瓦谢尔计算生物研究院和香港中文大学（深圳）科比尔卡创新药物开发研究院之后，第三个落户香港中文大学（深圳）的诺奖实验室。一所成立才四年时间的大学，迅速建立起了属于自己的学术高度。

2016年10月，深圳市委、市政府出台了《关于加快高等教育发展的若干意见》，将其作为我市首个针对高等教育全面发展制定的文件，《高教意见》确定了我市下一步发展高等教育的总体目标、基本思路和主要举措。提出争取到2025年，全市高校达到20所左右，全日制在校生约有20万人。届时，深圳将形成国际化开放式创新型高等教育体系，建设成为南方重要的高等教育中心。

　　当然，大学对于城市的意义，绝不仅仅是培养了多少人才，贡献了多大的经济增长极，还在于大学及其大学精神对一个城市的人文氛围的熏陶与滋养，往往是不可或缺也是不可替代的。没有大学，城市的灵魂是不够圆满的，大学从来就对世俗社会具有价值引领功能。城市文明的根基、社会价值观的标尺等，无不与大学密切相关。

　　当然，在大学以自身骨架支撑起城市更加深邃的精神天空的同时，城市气质、城市精神也能对大学气质、大学精神构成影响。作为一个年轻人聚集的城市，深圳在改革开放以来形成的城市精神，如包容开放、敢闯敢试、推崇创新等，莫不融进了大学的血液中。大学精神与城市精神相互补充与塑造，从不同方向丰富了城市的灵魂。

国际"朋友圈"让深圳的视野如此辽阔

柏林当地时间 2013 年 12 月 31 日晚,郎朗与柏林爱乐乐团联袂举办新年音乐会。德国总理默克尔亲临现场,并到后台与郎朗交谈。郎朗希望默克尔总理有机会能到深圳访问。默克尔回答:"我将非常期待。"

2018 年 5 月 25 日,默克尔总理到访深圳。她与郎朗之间的约定成真。

柏林是深圳的国际"友好城市"之一。从 1997 年到 2015 年,深圳先后与德国的纽伦堡、法兰克福、柏林、汉诺威等四个城市缔结"友好"关系。在深圳的全球"朋友圈"里,德国是仅次于美国与深圳缔结友好城市最多的国家。

如今,深圳共与 55 个国家的近 90 个城市建立了友好关系,其中包括 22 个友好城市和 63 个友好交流城市。

1985 年 2 月 21 日,美国休斯敦市市长凯瑟琳·惠特曼致函当时的深圳市领导,发出与深圳结为友好城市的倡议。1986 年 4 月 3 日,以"深圳速度"闻名于世的深圳,与休斯敦签署了"深圳—休斯敦友好城市协议书",深圳成为休斯敦在中国的第一个友好城市。当年恰逢建市 150 周年的休斯敦,也成为深圳创办经济特区以来的第一个友好城市。

作为昆士兰州省府以及澳洲最大的海港,布里斯班市四季常青,冬暖如春,是一座非常适宜旅游及居住的城市。1992 年 6 月 22 日,深圳市市长访问布里斯班并签署了缔结友好城市协议,开启了两座魅力之都之间的友谊。

距离巴黎 340 公里的维埃纳省,是连接法国南部和北部的主要交通要道以及历史文化名城。1994 年 10 月 28 日，深圳市政府代表团与维埃纳省代表在巴黎签署协议，正式缔结友好城市关系。

位于牙买加岛东南部的金斯敦市，是行政、商业和文化中心、交通枢纽，与深圳于 1995 年 3 月 5 日缔结友好城市关系。

1997 年 5 月 27 日，德国纽伦堡市市长访问深圳并签署缔结友好协议，开始了双方真诚的友谊。纽伦堡地处中欧的地理中心，是重要的陆路交通枢纽，该区同时也是德国的通信、多媒体、交通技术、物流技术以及医药领域的中心。

比利时布拉班特瓦隆位处欧洲中心地带，凭借其毗邻首都布鲁塞尔的优越地理位置，成为欧洲最为繁华的经济区域之一，于 2003 年 10 月 12 日与深圳缔结友好城市关系。

2012 年 9 月 10 日，深圳与以色列的海法缔结为友好城市。与深圳类似，海法是以色列最重要的高科技城市之一，很多以色列及国际的高技术公司均在此设有分公司，进行生产与研发。

明斯克市位于第聂伯河上游支流斯维斯洛奇河畔，是白俄罗斯首都及政治、经济和文化中心。深圳市与明斯克市于 2014 年 1 月 22 日缔结友好——很多深圳人知道，深圳曾有一个人气旅游景点叫明斯克航母。

有"下一个硅谷"美誉的美国西雅图，和"中国最具硅谷气质的城市"深圳，于 2015 年 6 月 25 日正式缔结友好交流城市。跨洋相遇的两座"创新之都"，在经贸、航空、先进制造业、信息技术、生命科学、生物技术、教育、人文交流等领域展开了广泛交流合作。

2019 年 5 月 14 日，深圳市市长陈如桂和英国爱丁堡市市长弗兰克·罗斯在深签署建立友好城市关系协议书，深圳和爱丁堡从友好交流城市正式升级为友好城市。爱丁堡市是苏格兰的首府，是英国经济最发达的城市之一，被联合国教科文组织授予"文学之都"称号。

……

　　全球化背景下，世界各地的城市与城市之间的往来日益频繁。而纵观世界公认的国际城市，无一例外都拥有一张十分活跃的对外交流全球网络。对深圳来说，国际化也日益成为带动全局改革的重要推动力，瞄准国际名城，拓展友好城市网络，激活、用好这种宝贵的国际资源，无疑是深圳通往国际化的一条重要路径。

　　这些友好城市中，有的古老，富有迷人的文化气息；有的相对年轻，富有勃勃朝气与锐气；有的以科技发达见长；有的以人文传统深厚著称；有的与深圳同为港口城市；有的则展示了与深圳完全不一样的风情与格调……唯其多样，方见丰富。无论是科技领域、城市规划还是文化教育、公共服务、环境保护等方面，这些城市都可以给予深圳灵感、启示与借鉴。

　　2014年的深圳市政府工作报告中，"湾区经济"是重点着墨之处。湾区经济是世界一流滨海城市的显著特征。事实上，世界经济总量的60%集中在入海口，而深圳不但具备了这一地理优势，也具备了许多发展湾区经济的要素，包括经济创新、体制创新、改革动力、移民城市的文化特点等。作为全国第一外贸城市的深圳，经济总量已进入全球城市30强，要在世界级城市群中更好地奠定自己的地位，需要进一步建立起与世界更深更广的互动，而这，自然离不开国际友好城市。

　　世界公认的三大湾区分别为纽约湾区、旧金山湾区和东京湾区。目前，深圳与地中海沿岸六国结有友好城市，而友好城市洛杉矶的辐射范围则涵盖了旧金山湾区。如果接下来有更多的湾区国际名城进入深圳的"朋友圈"，深圳的湾区经济将由此迈上更高的发展平台。

　　2016年6月，深圳首次召开全市国际友好城市工作会议，提出将分批对现有的国际友好城市和各区、各部门进行配对。比如，作为日本的第二大城市，大阪的商业、制造业、金融业都十分发达，福田区可与其在相关领域展开广泛合作；西雅图是美国西北部太平洋沿岸最大的城市，也是主要的贸易港口城市，盐田区可与其加强港口合作……显然，深圳各区、各部门根据自身特长、内涵等条件，在这份名单中各自"找朋友"，有针对性地与具有较大互补性及较大合作潜力的友好城市展开务实交往，无疑有助于进一步提升国际合作的广度与深度。

2019 年 5 月，2019 深圳国际友好城市智慧城市论坛开幕。英国爱丁堡市市长弗兰克·罗斯在开幕式上致辞表示，此次论坛的召开，为促进中外地方政府交流，推动智慧城市建设深度务实合作搭建了平台，有利于与会各方共同抢抓新一轮科技革命和产业变革浪潮带来的发展机遇，共创城市发展美好未来。华为公司轮值董事长郭平、全球智慧城市大会主席乌戈·瓦伦提、巴西巴伊亚州州长鲁伊·桑托斯在开幕式上做了主旨演讲，分享关于智慧城市建设的理念和经验。到 2020 年，深圳将力争建成世界一流的国家新型智慧城市标杆市。

此外，这些年来，国际友好城市市长圆桌会议、国际友好城市联络员会议、国际友好城市外办主任会议等一系列友好城市交流品牌，使深圳经由国际友好城市更深地融入了全球经济的激流当中。

总之，国际友好城市数量与交往质量越来越成为一个城市对外开放程度及国际化程度的重要标志。持续扩大并用好国际"朋友圈"，深圳将获得新的国际交流空间，将自身发展置于更高的国际化的坐标之下。

前海姓"前"，前海向"前"

深圳有一片"海"，位于南山半岛西部，伶仃洋东侧，地处广州—深圳—香港这一珠三角"脊梁"的核心位置，北有国际航空港，西、南有入海码头，依托湾区的发展优势，如同美国的曼哈顿、英国的金丝雀码头、阿联酋的迪拜。

她的名字叫前海。

2019 年 8 月举行的前海合作论坛显示，如今，前海蛇口自贸片区累计注册港企已近 1.2 万家、注册资本逾 1.2 万亿元。

面朝世界的前海，发展前景浩荡而辽阔。

2010 年 8 月 26 日，时值深圳特区建立 30 周年，选择在这样一个时间节点，国务院正式批复《前海深港现代服务业合作区总体发展规划》，按照规划，前海将深化与香港合作，构建更具活力的体制机制。这个面积仅 15 平方公里、填海而成的区域，由此被人们赋予了"未来的曼哈顿""特区中的特区""内地的新中环"等诸多想象与期待。

2011 年 1 月，前海管理局揭牌成立，标志着前海时间正式开始计时。作为我国首个成立的法定机构，前海管理局因其所承担的特殊探索使命，成为深圳发展史上的又一个关键词。

所谓法定机构，是政府通过立法和行政授权的途径与方式建立起来的公共管理机构，是政府与企业之间的缓冲带。这种组织管理模式对于很多人来说还是一个陌生的词汇，但实际上，它在一些欧美国家以及香港等地已经运作得非常成熟，是非政府机构的主要构成部分。以香港为例，在 20 世纪 80 年代，为增加政府运作的灵活度，香港就开始推行法定机构模式，以廉洁、高效著称的香港机场管理局、旅游发展局均属于这样的法定机构。

法定机构的身份注定了前海管理局一出世就气势不凡，得以深度借鉴国际经验、惯例，更好地履行公共管理职能。前海管理局揭牌之初，深圳就出台了《关于加快推进前海深港现代服务业合作区开发开放的工作意见》，提出要逐步建立充分授权、权责统一的管理模式，减少和规范行政审批，提供便捷规范的一站式服务，并尽快出台前海合作区条例、前海管理局管理办法和前海湾保税港区管理办法……这一系列大尺度的"先行先试"，为后续创新奠定了基石。

2015 年 4 月，前海与蛇口一起组成前海蛇口自贸片区，成为中国（广东）自由贸易试验区的一部分。40 年前，蛇口一个"点"的改革创新，开创了一个城市的高速发展传奇；40 年后的今天，前海蛇口自贸片区同样是这样一个"点"，成为深圳未来发展的强劲引擎。

作为新时期深化改革、扩大开放的重大战略平台，前海蛇口自贸片区不仅肩负着为深圳经济特区新一轮改革开放先行试验的重要责任，而且承载着为国家探索改革开放新路径的重要使命。

比如，允许在前海和香港之间开展双向人民币贷款，被认为是内地首次实行资本项下的人民币流出和流入，是推进人民币国际化的又一标志；作为国家唯一批复建设的法治示范区，前海建立了法院、商事法庭、深圳国际仲裁院、廉政监督局；前海土改以差别化土地供应制度为核心，在国内率先试行建设项目用地公告出让、土地集约奖励等举措，创造了国内土地管理的"前海模式"……实干兴邦，前海正在用一起起具体的创新实践，书写自己的改革先行者姿态。

而这其中，最引人关注的，是前海对法治形象的倾力打造。因为，前海深知，法治是城市区域的核心竞争力之一。

前海蛇口自贸片区成立之初，抢滩进驻的 400 多家国内外企业中，金融机构就逾七成。可作为香港发钞银行之一的汇丰，面对是否要将华南区总部落户在此，当时却十分犹豫，甚至退缩。原来，金融业对法治环境极为敏感，香港与内地分属不同法系，法律渊源大为不同，面对陌生的内地大陆法体系，汇丰感到信心不足。

前海法院的设立，打消了汇丰银行的顾虑。前海管理局局长杜鹏提起汇丰银行当年的入驻，至今依然颇为感慨："汇丰集团华南总部的落户对前海地区的发展拥有重大长远的意义，然而如果离开了前海法治示范区的建设，离开了前海法院的不懈努力，是绝不可能做到的。"

"深圳速度"是这个城市的鲜明标识。而一架飞机被贴封条的故事，则让人理解了什么叫"前海效率"。2018 年的一天，在接到申请人标的达 800 万元的强制执行申请后，不到一天的时间内，前海法院将被执行人信息发送 18 家银行、三大电信运营商、交通、民航等部门；在不到两天的时间内，查核各单位陆续反馈的所有信息近 63 条，目标锁定这架价值逾千万元的飞机，通过被执行人与西安一家修理厂的大额资金往来，成功锁定飞机位置；第一时间与当地法院联系，并立即出动，不到一个小时的时间，七张白纸黑字的前海法院封条，从前、后、左、右各个部位，妥妥地封住了这个庞然大物。而这一刻，距离刚发现财产线索还不到一周的时间。

这样的司法效率，也是前海吸引人才与资本的一种磁场。

此外，前海积极推动"一带一路"国际商事争端解决机制落户，推动《联合国国际贸易法委员会仲裁规则》首次在中国落地，组建了全国唯一的自贸区仲裁联盟。目前，前海已经构建起集仲裁、调解、律师、公证、司法鉴定、知识产权保护、法律查明为一体的全链条法律服务保障体系。

前海蛇口自贸片区夜景

　　2019 年 7 月，中山大学自贸区综合研究院发布《中国自由贸易试验区发展蓝皮书（2017—2018）》和"2017—2018 年度中国自由贸易试验区制度创新指数"。在 23 个自贸片区制度创新总体排名中，前海蛇口自贸片区首次超越上海自贸试验区，以 84.98 分位居榜首，并在"政府职能转变、法制环境"等分类指标上排名第一——包括法治创新在内的制度创新，正成为前海不断前行的牵引力。

　　在深圳市委常委、前海合作区党工委书记、前海蛇口自贸片区管委会主任田夫看来，无论是创新治理体系，还是改革管理方式，前海快速发展的秘诀都离不开"创新"二字。他说："创新是第一动力，前海蛇口自贸片区的爆发式、跨越式发展源自制度创新的驱动。"

　　如今，前海蛇口自贸片区已经成为中国发展最快、质量最高、效益最好的区域之一，其作为深圳市乃至粤港澳大湾区的核心引擎作用已经初步显现。

正如这个富有寓意的地名给人带来无限联想一样，前海姓"前"，前海向"前"，前海靠"前"。这本身是一种美好的隐喻。前海姓"前"名"海"，"前"，象征着超前、向前，象征着城市的发展方向；"海"，则有海纳百川、海阔天空之意，同样指向了一个城市的发展路径与未来。

这是一片改革之海、希望之海。面朝前海，春暖花开。

借力粤港澳大湾区打造全球创新创意之都

10 多年前，美国学者理查德·弗罗里达通过卫星观看全球夜景时发现，在东亚地区的香港和深圳，出现了一片连绵耀眼的城市灯光，如同连体城市般，他将其命名为"香圳"。

那时他没有意识到，全球第四大湾区，就将出现在这里。连绵的城市灯光，将在这里组成一个更大更耀眼的圈。

2019 年 2 月 18 日，筹备多时的《粤港澳大湾区发展规划纲要》公布。从粤港澳大湾区 2017 年首次被写入政府工作报告，到粤、港、澳三

粤港澳大湾区
香港、澳门、广州、深圳、珠海、佛山、中山、东莞、惠州、江门、肇庆。

粤港澳大湾区是国家建设世界级城市群和参与全球竞争的重要空间载体

地政府签署《深化粤港澳合作推进大湾区建设框架协议》，再到《粤港澳大湾区发展规划纲要》出炉，一个国际一流的湾区和世界级城市群，正逐渐显现。

粤港澳大湾区包括香港特别行政区、澳门特别行政区和广东省广州市、深圳市、珠海市、佛山市、惠州市、东莞市、中山市、江门市、肇庆市，总面积 5.6 万平方公里，总人口约 7000 万人，是我国开放程度最高、经济活力最强的区域之一，在国家发展大局中具有重要战略地位。

湾区，是指由一个海湾或相连的若干个海湾、港湾、邻近岛屿共同组成的区域。从世界经济版图来看，全球六成的经济总量集中在入海口，在距离海岸一百公里的沿海地区，集中了全球超七成的大城市、人口和资本。纽约湾区、旧金山湾区、东京湾区是目前世界公认的三大湾区，以其为代表的"湾区经济"已被视为全球经济发展的重要增长极。

纽约湾区既是美国金融中心，也是世界金融中心。一方面，纽交

所、纳斯达克证券交易所以及华尔街全部聚集在纽约湾区，是全球金融心脏，影响着全球金融脉搏。另一方面，纽约湾区聚集了众多金融企业，全世界有近 2900 家知名的银行、证券、期货、保险等金融机构均在纽约湾区设立总部或分公司。

旧金山湾区以科技创新享誉全球。这里汇集大量的科技创新企业，既有苹果、英特尔、脸书、谷歌等国际知名科技巨头，也集聚了数量庞大的中小型科技企业。与此同时，旧金山湾区吸引了大量的高科技技术人员和研发人员，湾区每年的科技创新研究成果源源不断。这些科技创新成果既有基础研究，也有技术运用，推动着全球科技的进步。

东京湾区则以产业集聚为特色。由于东京湾区地理位置优越，拥有东京港、横滨港、川崎港等优良港口和十分便利的公路、铁路网络，使得东京湾区一方面购买工业原材料十分方便，另一方面，生产的产品可以满足国内及国际两个市场，从而使得大量的产业往东京湾区集聚。在产业集聚和发展过程中，产业不断升级和更新换代。目前，东京湾区聚集了材料、零部件、装备等上游制造业及中高端服务业等产业。

单就生产总值总量而言，粤港澳大湾区已经达到 1.24 万亿美元，超过了旧金山湾区，介于俄罗斯和西班牙之间。虽然与世界三大湾区相比，粤港澳大湾区尚未成型，存在一定的差距，但是，粤港澳大湾区在金融、科技创新、产业集聚方面皆具发展潜力，具有汇聚、融合世界三大湾区之优势和精髓的潜质，未来的想象空间极为辽阔。

作为粤港澳大湾区的核心城市之一，深圳可以也应当在上述领域承担起更大的发展使命。《粤港澳大湾区发展规划纲要》对深圳的定位是：发挥作为经济特区、全国性经济中心城市和国家创新型城市的引领功能，加快建成现代化国际化城市，努力成为具有世界影响力的创新创意之都——创新创意是深圳的基因与胎记，过去、现在和将来都是深圳的强劲驱动力。

已是国内重要的金融中心的深圳，在全球金融中心指数中的位次也在不断提升。2018 年 3 月 26 日，由英国智库 Z/Yen 集团与中国（深圳）综合开发研究院共同编制的第 23 期"全球金融中心指数"（GFCI23）报告发布，榜单中的全球前十大金融中心排名依次为：伦敦、纽约、香港、新加坡、东京、上海、多伦多、日内瓦、悉尼、波士顿。深圳排第 18 位。

而根据统计，深圳资金总量（金融机构本外币存款余额）稳居全国一线城市前三名。来自中国人民银行深圳市中心支行的数据显示，2018 年 7 月末，深圳市本外币各项存款余额 72391.57 亿元，同比增长 6.75%。资金总量仅次于北京、上海，展现了极强的"吸金"能力。

深圳金融中心排名的不断上升，与深圳持续开展金融创新有莫大关联。未来，深圳依托前海蛇口自贸片区积极开展金融创新和国际金融合作，将进一步凸现深圳的金融中心地位。2019 年 7 月，深圳印发《支持自由贸易试验区深化改革创新若干措施工作方案》，其中金融创新是重点，比如试点与国际接轨税收服务、个人可开展境外证券投资、支持开展知识产权证券化试点等。这些，都有助于加强粤港澳大湾区作为"金融湾区"的成色，使粤港澳大湾区的金融产业发展更有底气对标纽约湾区。

而说到科技创新，这是粤港澳大湾区发展的重要依靠，也是大湾区的亮点所在。以深港科技合作为例。香港聚集了全世界顶尖的科研机构项目，拥有香港大学、香港中文大学、香港科技大学、香港理工大学等科研与教学水平居世界前列的大学，香港还建成了 16 所国家重点实验室伙伴实验室，各有不同的研究重点。而与其相比，深圳科技产业基础颇为雄厚，优势产业突出，拥有大批创新创业的企业和企业家资源，使得深圳被称为最具硅谷气质的城市。

深圳和香港在科技创新领域各擅胜场，若能持续协同发力，有望在全球竞争的格局下形成深港合作的乘数效应，进一步打造世界级科技创新中心，向旧金山湾区看齐。

　　值得一提的是，近年来，还有不少香港青年带着技术和产品北上深圳创业。比如，前海深港青年梦工场累计孵化的 187 家创业团队中有 86 家是香港团队。留英归港青年陈升的团队，在梦工场创业不到一年，即获首轮融资 5000 万元人民币。这样一种"双城记"，将为深港两地带来更强劲的创新引擎。

　　东京湾有"产业湾区"之称。就产业结构而言，粤港澳大湾区也在加速完善。目前，深圳已经形成了优势产业集群，高新技术和金融物流等现代服务业发达，聚集了大批充满活力的创新型企业。特别是珠江口区域以前海为龙头，以南山、宝安等为依托，有强大产业支撑和综合配套。充分发挥深港合作的优势，以及与东莞、惠州的制造基地形成互补，深圳将在粤港澳大湾区中成为更重要的桥梁、纽带、融合剂。

　　当然，我们也应当看到，对标世界三大湾区，粤港澳大湾区有优势，更有短板。积极借鉴三大湾区的成功经验，粤港澳大湾区才能获得更广阔的世界视野。此外，我们面临的特殊国情是，粤港澳大湾区同属一个国家，却实施两种制度，具有三个关税区、流通三种货币，而其他三大湾区内实施一种制度、一个关税区、流通一种货币。这也意味着，粤港澳大湾区要走的是前人没有走过的路，要在这条路上行稳致远，唯有持续创新。

　　而创新，恰恰是深圳最鲜明的标识，是深圳之所以成为深圳的密码。《粤港澳大湾区规划纲要》提出，到 2035 年，大湾区要形成以创新为主要支撑的经济体系和发展模式，经济实力、科技实力大幅跃升，国际竞争力、影响力进一步增强；大湾区内市场高水平互联互通基本实现，各类资源要素高效便捷流动；区域发展协调性显著增强，对周边地区的引领带动能力进一步提升——粤港澳大湾区是改写世界经济版图的一个支点，一个超级城市群的崛起，也必将引领深圳走向更璀璨的未来。